Ulrike Katrin Peters

Radland Nordrhein-Westfalen

Ulrike Katrin Peters

Radland

Nordrhein-Westfalen

belser

Dank

Ich danke Titus Konstantin Raab für seine konstruktive Kritik, Dennis Louis Lemon für seine gut gelaunte Entdeckerfreude, Tedda und Elisabeth Roosen für ihre Fotogeduld, Dieter Sawatzki für seine wertvolle Hilfe, Jochen Schlutius von Ruhr Tourismus und Anja Luckas von Tourismus NRW e. V. für die fundierten Tipps.
Dank gilt weiterhin dem Team des Belser-Verlages für die angenehme Zusammenarbeit und meinen Eltern Christel und Alfred Peters für die in die Wiege gelegte Freude am Radfahren.

Liebe Radfahrerinnen und Radfahrer,

willkommen im Land der unbegrenzten Radmöglichkeiten!

Nordrhein-Westfalen, das bevölkerungsreichste Bundesland Deutschlands, präsentiert sich als wahres Paradies für Radfahrer. Das Geheimnis liegt dabei in der Vielfalt der Möglichkeiten: Ehemalige Bahntrassen wurden zu malerischen Radwegen umgestaltet, die abseits des Autoverkehrs durch idyllische Landschaften und pulsierende Städte führen.

Die Menge der Angebote ist beeindruckend, die Abwechslung zwischen Kultur, Natur und Industriekultur erstaunlich. Viele der Fernradwege führen an Seen entlang oder durch grüne Flusstäler und bis in NRWs einzigen Nationalpark.

Der Ruhrtalradweg schaffte es mehrfach unter die Top 5 der beliebtesten Radwege in Deutschland. Was für eine spannende Entwicklung, wenn man an die industrielle Vergangenheit des Ruhrpotts denkt.

„Im Westen viel Neues“ könnte man auch im Hinblick auf die Neuzugänge unter den Radfernwegen wie die Beuys & Bike-Route und die „knackige“ Rheinische Apfelroute sagen. Aber auch die Klassiker wie der Rheinradweg, die Vennbahn, die 100-Schlösser-Route rund um Münster und die Paderborner Land Route bieten einmalige Erlebnisse. Einmal angefangen, kommt man in Sachen Radvergnügen in NRW richtig auf den Geschmack. Nordrhein-Westfalen verwöhnt Radfahrer nicht nur mit malerischen Routen, sondern auch mit einer Vielzahl von Gaumenfreuden wie Reibekuchen, Currywurst, Sauerbraten, Himmel und Ääd oder der berühmten Bergischen Kaffeetafel, die sowohl Herzhaftes als auch Süßes kredenzt. Highlights entlang der Wege wie die unzähligen Wasserburgen, die UNESCO-Welterbestätte Aachener Dom, den Düsseldorfer Medienhafen und die Bundeskunsthalle in Bonn erlebt man ganz ohne nervige Parkplatzsuche. Auch auf das spektakuläre Gelände des Landschaftsparks Nord in Duisburg, zur Kirche St. Lamberti in Münster und zum Kölner Dom rollt man direkt. Beim Papiermuseum in Düren oder beim spannenden Röntgenmuseum in Lennep heißt es ebenfalls: Vorfahren, Absteigen und – hinein ins Vergnügen.

Das ausgewiesene „Radnetz NRW“ verfügt derzeit über eine Gesamtlänge von rund 30.000 Kilometern. Im vorliegenden Band stellen wir Ihnen eine Auswahl der schönsten Radkilometer des Landes vor. Dass man dabei im wahrsten Sinne des Wortes „ausgezeichnet“ Radfahren kann, beweisen die elf vom Allgemeinen Deutsche Fahrradclub ADFC mit Gütesiegel versehenen Qualitätsradrouten in NRW.

Radfahren ist gesund, macht glücklich und hält jung. Es ist umweltfreundlich und sozial – leicht kommt man mit anderen Radlern ins Gespräch. Die Komoot-gpx-Tracks zu unseren 22 ausgewählten Touren, die sie anhand der QR-Codes herunterladen können, ermöglichen Ihnen sorgenfreies Navigieren. Übersichtskarten und Höhenprofile helfen im Vorfeld bei der Planung der Tour.

Ich wünsche Ihnen viele sonnige Touren in NRW und unzählige freundliche Begegnungen am Wegesrand mit den wunderbar offenen „Ureinwohnern“ zwischen Rhein und Ruhr, Emscher, Lippe, Pader, Rur, Ems und Sieg!

Ihre Ulrike Katrin Peters

Touren

Am Wasser entlang

Mitten durch die Stadt

Auf der Spur der Kultur

Tour für den Gaumen

Auf stillgelegten Bahntrassen

Natur pur

Grenzerfahrungen

Auf Spuren der alten Römer

Die Römer-Lippe-Route

Römer-Lippe-Route kompakt

Start: Denkmalstraße, Detmold
Ziel: Kurfürstenstraße, Xanten
Gesamtstrecke: 295 km
Fahrzeit: 6 Tagesetappen
Höhenmeter: 1080
Schwierigkeit: leicht

Anreise
Mit der Bahn fährt man bis nach Detmold, von hier aus radelt man in 20 Minuten direkt zum Startpunkt der Route. www.bahn.de

Der Radweg
Wo heute ein komfortabler, gut ausgeschilderter 295 Kilometer langer Radweg entlang der Lippe verläuft, bauten vor mehr als 2000 Jahren die Römer zahlreiche Lager. Sie wollten das Römische Reich gen Norden ausdehnen. Die Bauwerke, Kultur und Lebensweise der Römer kann man in sechs Tagesetappen auf dem Weg vom Teutoburger Wald zum Niederrhein u. a. im Römerpark in Bergkamen, am Römermuseum in Haltern sowie im APX in Xanten erleben.
Bei der Kooperationsgemeinschaft Römer-Lippe-Route gibt es kostenfreie Prospekte: www.roemerlipperoute.de

Einkehr
Pier 47 in der Marina Rühnte: „Dein kleiner Urlaub im größten Yachthafen NRWs", so lautet das Motto von Pier 47. Maritime, entspannte Atmosphäre bei Currywurst, Paella, Cocktails oder Milchshakes – und im Beachbereich sogar mit echtem, sandigen Strandgefühl unter den Füssen. https://pier47.de
Landhaus Föcker: Ehemaliger Bauernhof mit gemütlicher, moderner Gaststube und schattigem Biergarten. Regionale Speisen im Angebot, besonders Leckeres steht auf der Saisonkarte! www.landhaus-foecker.de
Petersilchen in Xanten: Gastgeberin Gabriele Völlings ließ sich von ihrer Weltreise inspirieren und serviert richtig tolle vegane Köstlichkeiten, vom heimischen Apfelkuchen über indonesische Satéspieße. www.petersilchen-xanten.de

Buchtipp
Sehr gute Orientierung bietet das bikeline-Radtourenbuch „Römer-Lippe-Route: Vom Teutoburger Wald zum Niederrhein", Verlag Esterbauer, ISBN 978-3-7111-0147-1.

Allgemeine Auskunft
Kooperationsgemeinschaft Römer-Lippe-Route
c/o Ruhr Tourismus GmbH (RTG)
Centroallee 261
46047 Oberhausen
Telefon-Hotline: 0 18 06 / 18 16 30
(€ 0,20/pro Anruf aus deutschen Festnetz)
www.roemerlipperoute.de

Das kolossale Hermannsdenkmal ist Startpunkt der Tour und erinnert an die Schlacht im Teutoburger Wald.

Wie ein blaues Band zieht sich die Lippe über 220 Kilometer durch Nordrhein-Westfalen. Als längster Fluss des Landes war sie schon immer als Verkehrsader von Bedeutung. Wir folgen ihr durch den Teutoburger Wald, das Sauerland, das Münsterland und das Ruhrgebiet bis zum Niederrhein.

Wer den Schildern mit dem rot-weiß-blauen Logo, die einen Römerhelm und den Flusslauf symbolisch darstellen, folgt, kann vielfältige Natur erleben und in die römische Vergangenheit dieses Flusslaufes eintauchen.

Der Start der Römer-Lippe-Route liegt am stattlichen, 54 Meter hohen **Hermannsdenkmal**, das an die Schlacht im Teutoburger Wald erinnert. Alles beginnt mit einer steilen Abfahrt vom Hermannsdenkmal Richtung Tal. Vor der Abfahrt lohnt sich also ein prüfender Blick auf die Bremsen. Auf der ersten Tagesetappe geht es über rund 47 Kilometer vom Hermannsdenkmal durch die historische Altstadt von Detmold und weiter durch den Teutoburger Wald bis ins beschauliche Paderborn. Die meisten Höhenmeter der gesamten Strecke hat man zum Glück schon am ersten Tag absolviert. Es geht auf diesem Abschnitt gute 400 Meter bergan und rund 650 Meter bergab.

In der historischen Altstadt von Detmold kann man gut und gerne ein, zwei Stündchen für einen Bummel einplanen. Neben den hübschen Fachwerk-

häuschen ist auch das Fürstliche Residenzschloss als Juwel im Stil der Weserrenaissance ein beliebtes Fotomotiv.

Fotogene Felsformation

Ein Highlight am Wegesrand bilden dann die **Externsteine** in Horn-Bad Meinberg. Diese bis zu 40 Meter in den Himmel aufragende, markante Felsformation steht unter Natur- und Kulturdenkmalschutz und kann mit Hilfe von Treppen und Brücken erklommen werden. Nach dieser kleinen Kletterpartie rollen wir weiter gen Südwesten, bis wir nach Bad Lippspringe einradeln. Wer die Römer-Lippe-Route radelt, sollte natürlich im Arminiuspark der Lippequelle einen Besuch abstatten. Die Karstquelle hat im Quellteich einen faszinierenden, tiefblauen Kolk, der im Volksmund „Odins Auge" genannt wird.

Nach 13 weiteren Radkilometern ist das Etappenziel des Tages erreicht. In der Universitätsstadt Paderborn sollten das Diözesanmuseum, die Gaukirche und der Dom mit seinem berühmten Drei-Hasen-Fenster besichtigt werden.

Vom **Paderborner Dom** aus geht es am nächsten Tag fast schnurgerade immer gen Westen bis

Auf die Externsteine kann man hinaufsteigen (o.); der Paderborner Dom, Kathedralkirche des Erzbistums (u.).

Das Römerlager Oberarden war einst eine 56 ha große Militärstadt und entstand bereits im Jahr 11 v. Chr.

nach Lippstadt. Der Naturgenuss steht auf diesen rund 45 Kilometern im Vordergrund. Entlang der Pader rollt man aus der Stadt hinaus, bis diese mit der Alme in die Lippe mündet. Nach dem Lippesee, in dem man baden darf, radelt es sich lauschig durch eine weite Auenlandschaft. Am Römerlager Anreppen sollte man für eine kurze Besichtigung des ehemaligen Militärlagers vom Rad steigen.

Wer von den ersten rund 25 Kilometern erschöpft ist und sich für die restlichen rund 20 Kilometer im Sattel erfrischen möchte, kann dies in Boke tun. Das Lippedorf bietet mit einer Pizzeria, der Hofbäckerei und dem Schwanenkrug genug Auswahl. Von hier aus geht es zunächst nach Norden, bevor man wieder gen Westen abzweigt und nun idyllisch am Boker Kanal entlangradelt. Wem auf diesem sehr gut befahrbaren, rund zehn Kilometer langen Teilstück warm geworden ist, der kann in den Alberssee hüpfen. Wer lieber trocken bleiben möchte, kann die Schuhe ausziehen und den Sandstrand barfuß genießen. Für das restliche Radstück ist die Lippe wieder ständiger Wegbegleiter.

Lippstadt ist mit seinen rund 68.000 Einwohnern recht überschaubar, bietet aber mit der denkmalgeschützten Ruine des Augustinerinnenklosters, genannt „Kleine Marienkirche“, und Fachwerkhäusern, die fast fünfhundert Jahre alt sind, schöne Sehenswürdigkeiten. Wer seine verbrauchten Kalorien auf die genussvollste Weise wieder aufladen möchte, fährt vielleicht sogar zur Peters Schokoladenwelt, um Pralinen und Törtchen zu schlemmen.

Römerfreie Zone

Die dritte Etappe führt durch die renaturierten Lippeauen und hat ausnahmsweise nichts mit den alten Römern zu tun. Ganz entspannt radelt man die rund 57 Kilometer durch kleinere Waldstücke, entlang an weiten Wiesen und dem blauen Band des Flusslaufes. Abwechslung bieten schöne Aussichtspunkte, die sich hervorragend für eine wohlverdiente Picknickpause eignen, sowie die Dörfchen Hovestadt und Herzfeld. Weiter rollt man vorbei am Wasserschloss Assen nach Lippborg zurück an die Lippe. Nach einem kleinen Stück entlang des Ufers des Datteln-Hamm-Kanals geht es mit einem kleinen Schlenker vom Kanal gen Norden und durch Dolberg. Ein paar Pedaltritte weiter wartet Schloss Oberwerris. In diesem stattlichen, zweiflügeligen Wasserschloss kann man sogar übernachten. Direkt vor den Toren des Schlosses liegt nun noch eine kleine sportliche Herausforderung im Wasser. Die Lippefähre Lupia bringt Radfahrer nämlich trockenen Fußes über die Lippe und Richtung Tagesziel Hamm. Einen Motor und einen Fährmann sucht man allerdings vergebens. Hier heißt es: Ärmel hochkrempeln und die Arme zum Einsatz bringen! Denn die kleine Fähre wird nur mit Menschenkraft über den seicht dahinfließenden Fluss gezogen.

Den berühmten Glaselefanten sollte man in Hamm auf jeden Fall anschauen, bevor man hier auf die vierte Tagestour startet. Schließlich beginnt die mit rund 37 Kilometern relativ kurze Tagesetappe direkt an seinem Zuhause, dem bekannten **Maximilianpark**. Auf dem nächsten Abschnitt radelt man auf dem Mitteldamm zwischen der Lippe zur Rechten und den Datteln-Hamm-Kanal zur Linken. Weiter geht es durch die Naturschutzgebiete Tibaum und Lippeaue. Nach einem kleinen Abstecher durch Werne mit seinem Gradierwerk und Solebad kreuzen wir über Lippe und Datteln-Hamm-Kanal, um dann an der Marina Rühnte vorbei und durch das Naturschutzgebiet Beversee gen Westen zu rollen. An der Marina lohnt ein Kaffee-Stopp.

Salve! Feldherr Nero Claudius Drusus

Das Tageshighlight ist in Oberarden der Römerpark Bergkamen. Hier befand sich zwischen den Jahren 11 bis 8/7 v. Chr. das größte römische Militärlager nördlich der Alpen. Gegründet vom Feldherrn Nero Claudius Drusus, waren hier einst 120.000 römische Soldaten stationiert. Heute kann man die rekonstruierte Holz-Erde-Mauer besichtigen und auf dem Archäologischen Lehrpfad lernen. Ein paar Radminuten weiter ergänzt die Römerabteilung des Stadtmuseums den Römerpark hervorragend.

Eiskaffee in der Marina Rühnte (o.), per Handfähre über die Lippe (m.) und die Zitadelle in Wesel (u.)

Abwechslung wird großgeschrieben, die Nähe zum Wasser sorgt immer wieder für eine frische Brise.

Bald ist dann mit Lünen das nächste Etappenziel erreicht. Ein Bummel durch die kleine Altstadt könnte der entspannte Abschluss dieses Fahrradtages sein.

An Tag fünf radelt man auf der Römer-Lippe-Tour von Lünen bis nach Haltern am See. Auf den rund 44 Kilometern erlebt man Wiesen und Felder, den Uferweg des Datteln-Hamm-Kanals, die Ausläufer des Münsterlandes sowie die Westruper Heide. Eine Besonderheit ist nach dem Örtchen Bork die Kanalbrücke Lippe – hier wird der Dortmund-Ems-Kanal auf einer Stahlbrücke über die Lippe geführt.

Haltern am See ist dann ein Etappenziel, wie man es sich nur wünschen kann. Das blaue Wasser des Haltener Stausees lädt zu einem Bad ein, und rund um den historischen Markplatz reiht sich eine gute Eisdiele an das nächste gute Restaurant. Das **LWL-Römermuseum** gehört zu einem der besten Erlebnismuseen in Sachen Römischer Geschichte.

Sehenswert

LWL-Römermuseum
Dieses besondere Museum lässt die Geschichte der Römer in Westfalen lebendig werden. Errichtet auf dem ehemaligen Gelände eines römischen Feldlagers, bietet es auf rund 1000 Quadratmetern römische Geschichte zum Anfassen und Ausprobieren. Wie wäre es, als römischer Soldat verkleidet und mit schwerem Marschgepäck durch das Museum zu marschieren?
www.lwl-roemermuseum-haltern.de

Marina Rühnte
Am Datteln-Hamm-Kanal wurde aus einem ehemaligen Kohleumschlaghafen mit der Marina Rühnte ein schicker Yachthafen, der maritimes Flair versprüht. Eine Promenade, schicke Sportboote und Cafés, bei denen man Eiskaffee schlürfen und unterm schicken Sonnenschirm sogar die Füße in goldenen Sand stecken kann – der Strukturwandel im Revier macht es möglich!
www.marina-ruenthe.de

Archäologischer Park Xanten und Römermuseum
Der APX bildet mit dem Römermuseum ein Erlebnis der besonderen Art. Man kann hier einen Hafentempel oder eine römische Badestube besichtigen, in der Mitte eines Amphitheaters stehen und sich wie ein Gladiator fühlen. Mitten in Xanten lässt sich dank vieler Rekonstruktionsbauten am Originalstandort die Lebenswelt der alten Römer nacherleben.
www.apx.lvr.de

Von Römermuseum zu Römermuseum

Die letzte Etappe auf diesem schönen Fernradweg führt von einem tollen Römermuseum als Ausgangsort zu einem weiteren tollen Römermuseum als Zielort. Denn es geht heute über 68 Kilometer bis nach Xanten zum Archäologischen Park. Diese Etappe ist wirklich der krönende Abschluss der Römer-Lippe-Tour. Man rollt ruhig entlang des Wesel-Datteln-Kanals und durch das Naturschutzgebiet Drevenacker Dünen.

Nachdem die Lippe bei Wesel in den Rhein gemündet ist, geht es über die imposante Rheinbrücke und entlang des Rheindeiches bis nach Xanten. Für den Besuch des **Archäologischen Parkes APX** sollte man hier mindestens einen halben Tag einplanen. Xanten als einzige Stadt Deutschlands, die mit einem X beginnt, ist ebenfalls außerordentlich sehenswert – von der Kriemhildmühle über den Kurpark, hier kann man herrlich bummeln.

Der Römerpark in Xanten gehört zu den beeindruckendsten Freilichtmuseen in Deutschland.

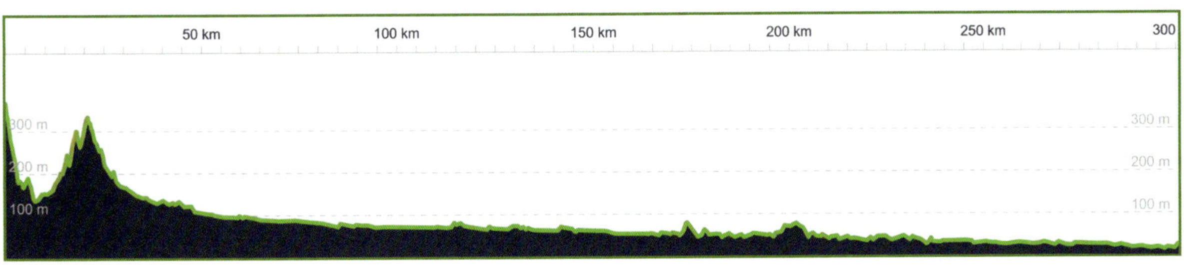

Abwechslung garantiert

Der Ruhrtalradweg

Ruhrtalradweg kompakt

Start: Ruhrkopf bei Winterberg
Ziel: Am Rheinorange in Duisburg
Gesamtstrecke: 240 km
Fahrzeit: 5 Tagesetappen
Höhenmeter: 650
Schwierigkeit: leicht

Anreise
Mit der Bahn fährt man bis direkt zum Startpunkt in Winterberg. Rückreise ab Duisburg Hauptbahnhof. www.bahn.de

Der Radweg
Man folgt dem gelb-grün-rot-blauen Symbol „Ruhrtalradweg" und plant am besten fünf Tage ein, auch, damit genügend Zeit für die spannenden Highlights am Wegesrand bleibt. Die Altstädte von Essen-Werden und Essen-Kettwig sind besonders sehenswert und laden zur Einkehr ein.
Beim Arbeitskreis RuhrtalRadweg und bei den Touristeninformationsstellen am Weg gibt es kostenfreie Prospekte und eine Karte. Siehe auch: www.ruhrtalradweg.de

Einkehr
Kika's Eiscafé in Essen-Werden: Die Lieblingseisdiele der Essener direkt am historischen Rathaus. Im Sommer täglich geöffnet, www.kikas.de
Café Sprenger in Essen-Kettwig: Die besten Kuchen und Torten am Ruhrtalradweg! Nach Käsekuchen oder Kirschstreuselkuchen radelt es sich wie von selbst. Täglich geöffnet, www.torte.de
Franky's Wasserbahnhof Mintard: Biergarten mit fast maritimer Atmosphäre. Deftige Fleischgerichte und Burger, aber auch leckere vegetarische Gerichte. Geöffnet Mittwoch bis Sonntag, www.frankys-wasserbahnhof.de

Buchtipp
Sehr gute Orientierung bietet das bikeline-Radtourenbuch „RuhrtalRadweg: Vom Sauerland an den Rhein", Verlag Esterbauer, ISBN 978-3-85000-487-9.

Allgemeine Auskunft
Arbeitskreis RuhrtalRadweg
c/o Ruhr Tourismus GmbH (RTG)
Centroallee 261
46047 Oberhausen
Telefon-Hotline: 0 18 06 / 18 16 20
(€ 0,20/pro Anruf aus allen deutschen Netzen)
www.ruhrtalradweg.de

Überraschend grün und abwechslungsreich zeigt sich das Tal der Ruhr, hier bei Hattingen.

Rund 219 Kilometer lang ist die Ruhr. Sie entspringt im Sauerland. Der Radweg begleitet sie durch grüne, abwechslungsreiche Ruhrgebiets-Landschaften. Nachdem das Ruhrwasser unter rund 160 Brücken hindurchgeflossen ist, mündet es in Duisburg in den Rhein.

Der Ruhrtalradweg hat sich zu einer der beliebtesten Radstrecken in Deutschland gemausert. Das liegt an dem hervorragend beschilderten, sehr gut ausgebauten Radweg, aber sicher auch an den Sehenswürdigkeiten, die sich wie Perlen an einer Schnur entlang des Weges aufreihen.

Dabei wird Abwechslung besonders großgeschrieben! Auf einer Strecke von rund 240 Kilometern geht es entlang des Flusses Ruhr von der Quelle in Winterberg bis zur Mündung in den Rhein bei Duisburg. Der Radweg führt durch das herrlich grüne Ruhrtal, vorbei an malerischen Dörfern, Burgen, Industriepalästen, historischen Städten und idyllischen Naturgebieten – meist in unmittelbarer Flussnähe.

Wassertreten vor Bergpanorama

Los geht es im quirligen Winterberg im Sauerland. Die vielen Sportangebote wie eine Golfanlage, Kletterparks und Abenteuerangebote wie „Fly-Line“ oder „Astenkick“ locken auch im Sommer bewegungsfreudige Urlauber in den bekannten Wintersportort. Nach dem Start an der Ruhrquelle rollt man zunächst bergab, ab Olsberg gelangt man in flacheres Terrain mit herrlichen Ausblicken auf Berg- und Talkulissen. In diesem staatlich anerkannten Kneipp-Heilbad kann man im KneippErlebnisPark beim Wassertreten, im Kräutergarten und im Bewegungsparcours seine Sinne verwöhnen.

Der Radweg führt dann weiter am blauen Band der Ruhr entlang, er beschreibt zwei große Schleifen, bevor man nach Arnsberg hineinrollt. Im historischen Stadtkern, der auf einem Bergrücken liegt, finden sich zahlreiche hübsche Fachwerkgebäude sowie die Wahrzeichen der Stadt, der Glockenturm und die Stadtkapelle St. Georg. Auch die Ruine des kurfürstlichen Schlosses ist einen Abstecher wert.

„Menschen aus Eisen" in Hattingen (l.o.), das Haus zur Krim in Arnsberg (r.o.) und die Zeche Zollverein (u.)

Camera Obscura in Mülheim (o.);
Fachwerkhaus am Leinpfad (m.);
Blick von der Brücke am Wasserkraftwerk Mülheim (u.)

Über Wickede geht es weiter nach Fröndenberg/Ruhr, wo das **Kettenschmiedemuseum** in unmittelbarer Nähe zum Radweg zu finden ist. Ein paar hundert Meter weiter lohnt das Rennradmuseum, in dem u. a. der in der Gegend lebende Eric Zabel geehrt wird, einen Besuch.

Lautlose Elektrofähre über die Ruhr

Eine der beeindruckendsten Sehenswürdigkeiten entlang des Ruhrtalradwegs ist die **Zeche Nachtigall**. Dieser geschichtsträchtige Ort liegt in unmittelbarer Nähe zur Ruhr und bietet einen Einblick in die Geschichte des Bergbaus. Der kurze, schattige Bergbau-Rundwanderweg am Bethaus der Bergleute vorbei startet ebenfalls hier. Unmittelbar nach der Zeche Nachtigall überqueren Radler dann mithilfe der Elektrofähre Hardenstein lautlos die Ruhr. Nach der kurzen, erfrischenden Überfahrt bietet sich eine Rast im gemütlichen Biergarten des Königlichen Schleusenwärterhauses an. Ein schöner Ort, an dem man schnell mit anderen Radlern aus Nah und Fern ins

Gespräch kommt. Wer eine kurze, knackige Steigung nicht scheut, der sollte im Anschluss einen Abstecher zur Dorfkirche Stiepel machen.

In Hattingen lohnt ebenfalls ein Stopp. Einerseits wegen der charmanten Altstadt mit ihren gut erhaltenen Fachwerkhäusern und engen Gassen. Andererseits wegen der imposanten **Henrichshütte**. Dieses Industriedenkmal ist ein beeindruckendes Beispiel für die industrielle Vergangenheit des Ruhrgebiets. Im Rahmen einer Führung schlendert man zu den alten Hochöfen und erfährt Wissenswertes über die Stahlproduktion.

Eine weitere, sehenswerte Station, die ein wenig abseits des Ruhrtalradweges liegt, ist das UNESCO-Weltkulturerbe Zeche Zollverein. Dieses ehemalige Steinkohlebergwerk dient heute als Kultur- und Veranstaltungszentrum. Ein Besuch auf der „schönsten Zeche der Welt", wie die Einheimischen sie nennen, lohnt, um mehr über die Geschichte des Ruhrgebiets zu erfahren.

Der Ruhrtalradweg bietet aber auch viele Begegnungen mit der Natur. Entlang des Weges gibt es zahlreiche Naturschutz- und Naherholungsgebiete. Ein besonders schönes Gebiet ist neben dem Kemnader Stausee mit seinen zahlreichen Freizeitmöglichkeiten zu Wasser und zu Lande auch der Baldeneysee in Essen, der zum Entspannen und Erholen einlädt. Wer möchte, kann auf die Weiße Flotte umsteigen oder am Ufer in einem der zahlreichen Ausflugslokale entspannen. An heißen Sommertagen sorgt ein Sprung in die Ruhr am Seaside Beach für Erfrischung.

Das größte Einfamilienhaus Deutschlands

Hoch oben über dem Baldeneysee thront die Villa Hügel. Einst das größte Einfamilienhaus Deutschlands, ist das ehemalige Wohnhaus der Familie Krupp heute ein beeindruckendes Museum. Hier erhält man einen Eindruck vom verflossenen Leben in diesem Herrenhaus und erfährt mehr über eine der einflussreichsten Industriellenfamilien Deutschlands.

Die Altstädte von Essen-Werden und Essen-Kettwig sind ebenfalls sehr sehenswert und liegen direkt am Wegesrand. Man kann durch die schmalen Gassen bummeln, in kleinen Geschäften stöbern oder sich in den zahlreichen Cafés und Restaurants mit frischer Energie versorgen.

Weiter geht es auf dem gemütlichen Leinpfad, direkt am Ufer der blauen, in Kurven verlaufenden

Paddeln unterm Förderturm: Auch bei Wassersportlern ist die Ruhr ein beliebtes Ausflugsziel.

Ruhr. Paddler und Tretbootfahrer genießen die entspannte Freizeitatmosphäre ebenfalls.

Das Ruhrtal wird nach Kettwig immer grüner, stiller und weiter und lässt bald vergessen, dass man durch den größten Ballungsraum Europas radelt. Es geht vorbei an Pferdewiesen, einem Campingplatz und einer Minigolfanlage.

In Mülheim angekommen, sollte man unbedingt kurz vom Rad steigen und es in den im Sommer angenehm schattigen Innenhof von Schloss Broich schieben. In dieser ältesten karolingischen Festung nördlich der Alpen ist auch das sehr sehenswerte, kostenfrei zu besuchende historische Museum zu finden.

Erfrischung im Ringlokschuppen

Wer jetzt daran gedacht hat, schnell bis zum Endpunkt des Ruhrtalradweges durchzuradeln, der muss eines Besseren belehrt werden. Denn unweit des Schlosses Broich sollte man an der Camera Obscura gleich wieder aus dem Sattel steigen. Im nebenan gelegenen Restaurant Ronja im Ringlokschuppen kann nach der Besichtigung ein Eiskaffee oder ein kühles Bier getrunken werden. Wer nach dem Besuch

Für die Erkundung des einzigartigen Landschaftsparks Duisburg-Nord sollten Radler genügend Zeit einplanen.

dieses netten Lokals samt Biergarten, der herrlich in die Parkanlage der MüGa (Mülheims Garten an der Ruhr) eingebettet liegt, wieder in die Pedale tritt, hat bald erneut einen Grund, abzubremsen. Das Aquarius-Wassermuseum ist nach Überqueren der Ruhr schnell erreicht und lädt im ehemaligen Wasserturm zu einer interaktiven Entdeckungstour durch die Welt der Wasserversorgung ein. Von oben bietet sich ein toller, weiter Blick über die Ruhrauen.

Und abends mit Beleuchtung

Richtig sehenswert ist ebenfalls der Landschaftspark Duisburg-Nord, den man im weiteren Verlauf des Ruhrtalradweges besuchen kann. Dieser ehemalige Industriekomplex wurde zu einem beeindruckenden Park umgestaltet. Hier kann man alte Industrieanlagen erkunden, in denen heute Kunstausstellungen und Veranstaltungen stattfinden. Der Park bietet

Sehenswert

Stiepeler Dorfkirche
Auf einer Anhöhe gelegen ist die Stiepeler Dorfkirche ein wichtiges Kulturdenkmal, das es sogar auf eine Briefmarke geschafft hat. Beeindruckend sind die Wandmalereien aus dem Mittelalter sowie die windschiefen Grabsteine, die zwischen 1600 und 1709 datiert sind.
www.bochum-stiepel.ekvw.de

Museumseisenbahn Hespertalbahn
Hingebungsvoll kümmert sich der Hespertal e. V. um seine Museumszüge. Die Dampflokomotive D4 ist eine der drei Loks, die regelmäßig am Baldeneysee entlangschnauft. Im ehemaligen Bahnhof kann man im Restaurant Lukas Currywurst und Co. genießen.
www.hespertalbahn.de, www.lukas-essen.de

Duisburger Innenhafen
Eine wahre Freizeitoase ist das 89 Hektar große Gelände des Innenhafens. Einst zentraler Handelsplatz der Ruhrgebietsstadt, ist er heute reich mit Cafés und Restaurants bestückt. Besonders sehenswert ist auch das Museum Küppersmühle.
www.innenhafen-portal.de

auch eine schwindelerregende Aussichtsplattform, Tauchmöglichkeiten in einem ehemaligen Gasometer und jede Menge ungewöhnliche Fotomotive. Abends wird er zauberhaft illuminiert.

Ebenfalls äußerst fotogen ist das Ziel des Ruhrtalradweges, die Skulptur „Rheinorange". Sie steht auf einer Landzunge, an der sich die Ruhr in den Rhein ergießt. Genau an Rheinkilometer 780 aufgestellt, ist diese Skulptur Teil der Route Industriekultur, ein echter Hingucker. Der Kölner Bildhauer Lutz Fritsch fertigte sie. 1992 an diesem besonderen Ort aufgestellt, erinnert die Skulptur als Landmarke seitdem daran, dass Duisburg ein wichtiger Ort der Stahlproduktion ist und über den größten Binnenhafen Europas verfügt. Die 25 Meter hohe, imposante Skulptur wiegt rund 82 Tonnen, und ihr Name ist ein Wortspiel. Auf der einen Seite erinnert die leuchtend orange Farbe an glühenden Stahl, auf der anderen Seite ist sie im Farbton mit dem Namen Reinorange gestrichen. Sie ist ein beliebter Treff für Radler.

Ziel des Ruhrtalradweges ist die Skulptur Rheinorange am Zusammenfluss von Ruhr und Rhein.

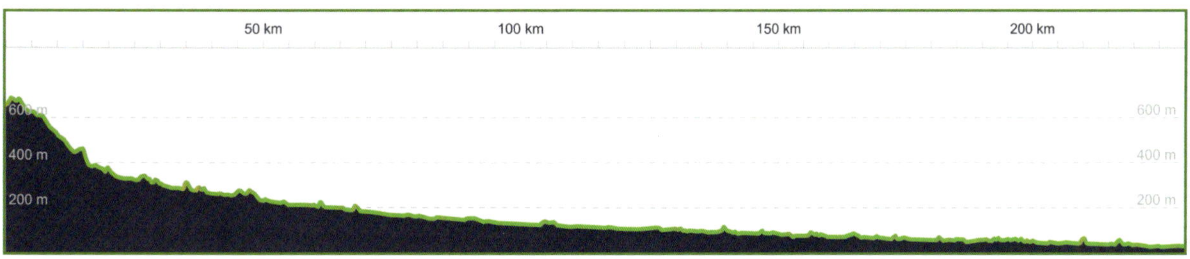

Symphonie in blau und grün

Radroute Bergisches Wasserquintett

Radroute Bergisches Wasserquintett kompakt

Start und Ziel: Bahnhof in Marienheide
Gesamtstrecke: 74 km
Fahrzeit: 5,5 Stunden
Höhenmeter: 458
Schwierigkeit: mittel

Anreise
Mit der Bahn fährt man direkt zum Startpunkt, dem Bahnhof von Marienheide. www.bahn.de

Der Radweg
Der Radweg beschreibt, grob gesagt, eine Acht. Namensgeber der Tour sind die fünf Talsperren Brucher-, Lingese-, Neye-, Bever- und Wupper-Talsperre. Beschildert ist die Rundtour mit dem grün-blauen Logo „Wasserquintett". Es geht über sehr gut asphaltierte, stillgelegte Bahntrassen wie zwischen Hückeswagen und Marienheide, aber auch über hügelige Naturwege sowie geschotterte Strecken.
Bei der Naturarena Bergisches Land bekommt man kostenfreie Prospekte und eine Karte. Weitere Informationen unter: www.dasbergische.de

Einkehr
Brauhaus Wipperfürth: Bauernsalat, Burger, Schnitzel, aber auch süße und deftige Pfannkuchen kann man im Brauhaus oder im sonnigen Biergarten genießen. www.brauhauswipperfuerth.de
Kaffeerösterei Pagnia: Kaffeespezialitäten und ein abwechslungsreiches Kuchenangebot, am Wochenende auch Waffeln. Direkt an der Lingesetalsperre. www.kaffeeroesterei-pagnia.de
Divinoinvino Hückeswagen: Feine Antipasti, leckere Pasta, hervorragende Weine und echt italienische Desserts. https://divinoinvino.de

Buchtipp
Ein Buch zum Radweg gibt es nicht, auf www.dasbergische.de kann man aber Radkarten und Broschüren herunterladen oder als Papierversion bestellen. Bei der Orientierung hilft auch die „ADFC-Regionalkarte Bergisches Land Köln/Düsseldorf", ISBN 978-3-96990-144-1.

Allgemeine Auskunft
Naturarena Bergisches Land GmbH
Friedrich-Ebert-Straße 75
51429 Bergisch Gladbach
Telefon: 0 22 04 / 84 30 00
www.dasbergische.de

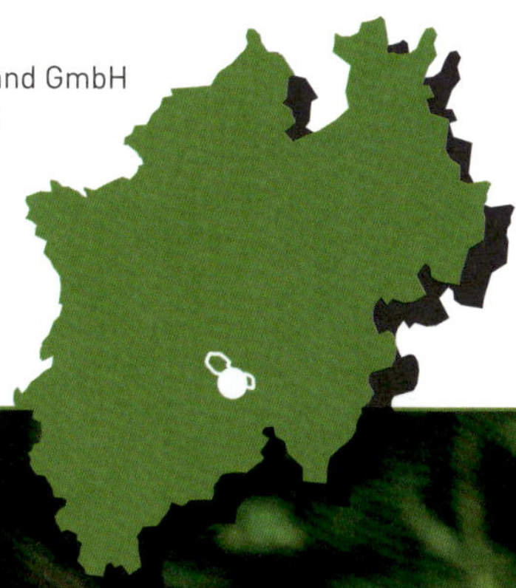

Wasser satt! Eine Symphonie in blau und grün: die herrliche Landschaft des Bergischen Landes

28 Kilometer dieser wasserreichen Tour verlaufen auf fein asphaltierten Bahntrassen. Ausblicke über das blau glitzernde Wasser der aufgestauten Wupper, ein Picknick im Rosengarten und die fünf Talsperren sorgen für den Rest des erfrischenden Fahrradglücks.

Eine Tour, die sich hervorragend für heiße Sommertage eignet – Badehose nicht vergessen! Man radelt durch ländliche Idylle, dichte Wälder, vorbei an grasenden Kühen und frisch gestriegelten Pferden. Die typischen Schieferhäuser mit ihren grünen Fensterläden sind mit den üppig blühenden Geranien in den Blumenkästen eine Augenweide und ein für die Region typisches Motiv am Wegesrand.

Der Abschnitt zwischen Marienheide und Wipperfürth eignet sich hervorragend für Familien mit Kindern, da er mit nur geringer Steigung auf einer ehemaligen Bahntrasse verläuft. Das bedeutet: perfekter Asphalt und keine Spur von Autoverkehr. Wenn die kleinen Radler müde werden, gibt es am Wegesrand einiges an Ablenkung. Wie wäre es, sich frisch gepflückte wilde Himbeeren auf der Zunge zergehen zu lassen …?

Erst schwitzen, dann baden

Schon bei der Anfahrt ins „Bergische" wird klar, Flachlandtiroler werden bei der heutigen Tour etwas ins Schwitzen zu kommen, denn das Bergische Land macht seinem Namen mit der ein oder anderen Steigung alle Ehre. Aber keine Angst, lange Teilstücke verlaufen eben, und die schönen Ausblicke über die

Stauseen sorgen für Erfrischung. Und wer die Badehose in die Radtasche gepackt hat, der kann sogar den Sprung ins kühle Nass wagen. Erlaubt ist das Baden u. a. in der **Brucher-Talsperre** und der **Lingese-Talsperre**. Es handelt sich hierbei um offizielle Badegewässer nach EU-Richtlinien. Der Wupperverband weist aber natürlich ausdrücklich auf die Baderegeln hin.

Am Wasser zur Zuckerhut-Glocke

Marienheide eignet sich hervorragend als Startpunkt für diese Rundtour. Von hier aus radelt man zunächst gegen den Uhrzeigersinn zur Brucher-Talsperre. Parallel zum Ufer rollt man weiter und gelangt schließlich nach Müllenbach, zum südlichsten Punkt der Tour. Hier lohnt es sich, die Räder für einen kurzen Besuch der **Evangelischen Kirche** abzustellen. Diese Wehrkirche wurde erstmals 1174 erwähnt und bot Menschen aus dem Dorf einen Zufluchtsort in Kriegszeiten. Die Zuckerhut-Glocke verdankt ihren Namen ihrer besonderen Form und ist älter als das Gotteshaus selbst, sie wurde bereits im Jahr 1050 gegossen. Wieder im Sattel fährt man weiter nach Dannenberg, das mit 460 Metern über NN der höchste Punkt der Rundtour ist. Nach den Anstiegen auf den ersten Kilometern der Tour heißt es jetzt erstmal größtenteils – für rund 14 Kilometer – einfach rollen lassen, denn es geht schön bergab. Man saust vorbei an Börlinghausen mit der **Wipperquelle** und weiter zur Lingese-Talsperre. Hier sind wir sozusagen am Kreuzungspunkt der Acht angekommen und radeln nun mit dem Uhrzeigersinn. Der folgende Abschnitt bietet Radgenuss wie aus dem Bilderbuch, da er auf einer ehemaligen Bahntrasse entlangführt. Es geht durch Gogarten und Ohl. Hier ging es lange Zeit hochexplosiv zu, denn aus Schwefel, Salpeter und Holzkohle wurde Schwarzpulver hergestellt. Im **Haus Ohl** wohnte der reiche Pulverfabrikant, dessen Produktion so wichtig war, dass ihm 1923 sogar Kaiser Wilhelm II. persönlich einen Besuch abstattete. Heute kann man in den ehrwürdigen Mauern am jeweils ersten Sonntag des Monats an einer Führung durch die Villa und die Schwarzpulvergeschichte teilnehmen.

Weiter geht es auf der stillgelegten Bahntrasse bis nach Wipperfürth. Die Hansestadt blickt auf eine fast 800-jährige Geschichte zurück. Vor dem Rathaus kann man am historischen Marktbrunnen mit dem Wappentier, dem Bergischen Löwen, gut eine kleine Pause einlegen. Im hübschen Franziskanerkloster

Begegnungen am Wegesrand (o.); „Bergischer Dreiklang“: schwarzes Fachwerk, weiße Fensterrahmen, grüne Tür (u.)

Wipperfürth ist heute eine Familienbildungsstätte untergebracht. Auf der autofreien Trasse geht es dann am Flugplatz „Wipperfürth-Neye Airport“ vorbei. Trotz des internationalen Namens verfügt er nur über eine Graspiste, bietet aber mit Start und Landung der kleinen „Grashüpfer“ ein spannendes Schauspiel.

Pack die Badehose ein – wer auf der hügeligen Tour ins Schwitzen kommt, kann abtauchen.

Picknick mit Rosenduft

Hückeswagen nennt sich stolz „Schloss-Stadt". Denn oben auf dem Berg, in einer Höhe von 308 m ü. NN thront über dem Städtchen ein imposantes **Schloss**. Die Ursprünge dieses geschichtsträchtigen Gebäudes gehen auf das Jahr 1189 zurück. Heute ist hier auch das Heimatmuseum untergebracht. Nicht nur die Exponate, auch der Rosengarten mit Pavillon ist eine Augenweide. Die aussichtsreiche Lage über dem Städtchen heißt für Radler natürlich erst einmal, kräftig bergan zu treten. Es geht am Weberdenkmal und an hübschen historischen Fassaden vorbei. Wer oben angekommen ist, wird mit einem schönen Picknickplatz auf dem Mäuerchen oberhalb der duftenden Rosenbeete belohnt. Nachdem wir aus Hückeswagen herausgeradelt sind, können wir uns an einer Infotafel über die Wuppertalsperre informieren und queren dann die Wupper.

Zur „Stadt auf der Höhe"

Rechts der Wupper rollt man nun immer am Wasser entlang. Nach einer neuerlichen Querung der Wupper fährt man durch Dürhagen und gelangt zum Aussichtspunkt Bilstein, von dem aus sich ein Blick auf eine Symphonie in blau und grün, über das Wasser der Wupper und die üppige Vegetation am Ufer, bietet. Mit Hilfe der Kräwinklerbrücke wechselt man erneut an das rechte Ufer der Wupper und fährt dann wieder auf einer ehemaligen Bahntrasse in Richtung Radevormwald, der nördlichsten Stadt im Oberbergischen Kreis und einer der ältesten Städte im Bergischen Land. Hübsche, typisch bergische Fachwerkhäuser sind in dieser 23.000-Einwohner-Stadt zu finden, in der verkehrsberuhigten Innenstadt findet regelmäßig ein Wochenmarkt statt. Eine echte Be-

Sehenswert

Museum für Asiatische Kunst
Das Privatmuseum in Radevormwald präsentiert auf 500 Quadratmetern rund 200 Exponate aus verschiedensten Epochen und Regionen Asiens. Neben Kultobjekten des tantrischen Buddhismus kann man antike Kostbarkeiten der tibetischen Kunst bewundern.
https://asianart-museum.de

Heimatmuseum Hückeswagen
Im historischen Burg-Palas des Schlosses gelegen, gibt das Heimatmuseum einen guten Einblick in die bewegte Geschichte der Stadt. Entdecken Sie neben einem Burgmodell historische Ritterrüstungen, eine alte Wiege und ein Spinnrad. Von hier aus bietet sich auch ein Rundgang durch die historische Altstadt an.
www.hueckeswagen.de

Schienenbus Wipperfürth
Direkt an der Radstrecke steht der historische Schienenbus und erinnert sowohl an die Wipperfürther Eisenbahngeschichte als auch das Durchgangslager Wipperfürth. Durch dieses Lager kamen in den 1940er und 1950er Jahren rund eine Million Flüchtlinge. Bänke laden zur Rast und Besinnung ein.
www.schienenbus-wipperfuerth.de

sonderheit ist das hier angesiedelte Museum für Asiatische Kunst.

Radevormwald, die „Stadt auf der Höhe“, wie sie sich selbst nennt, ist auch der nördlichste Punkt unserer Radrunde. Weiter radelt man über die Höhen des Bergischen Landes vorbei an der Motorcross-Strecke Hahenberg über den Bruchsiepen, den Untergraben und schließlich die Beverstraße nach Schwenke. Durch viel Grün geht es bis ins kleine Anschlag, wo unser Weg nach rechts abzweigt. Links des Weges liegt die Kerspeltalsperre. Nach Rönsahl ist Gogarten erreicht, das wir schon von dem Hinweg kennen. Bald ist man zurück am Ausgangspunkt der Tour in Marienheide.

Wer nur einen Teil des Wasserquintetts absolvieren und mehr Zeit fürs Baden haben möchte, der kann im Sommerhalbjahr an Wochenenden und an Feiertagen auf den Service des Bergischen Fahrradbusses zurückgreifen. Dieser verkehrt zwischen Leverkusen-Opladen und Marienheide und kann müde Radler ab Marienheide, Wipperfürth oder Hückeswagen bequem weiter bzw. zurück transportieren. Der Anhänger bietet Platz für bis zu 20 Fahrräder. www.bergischer-fahrradbus.de

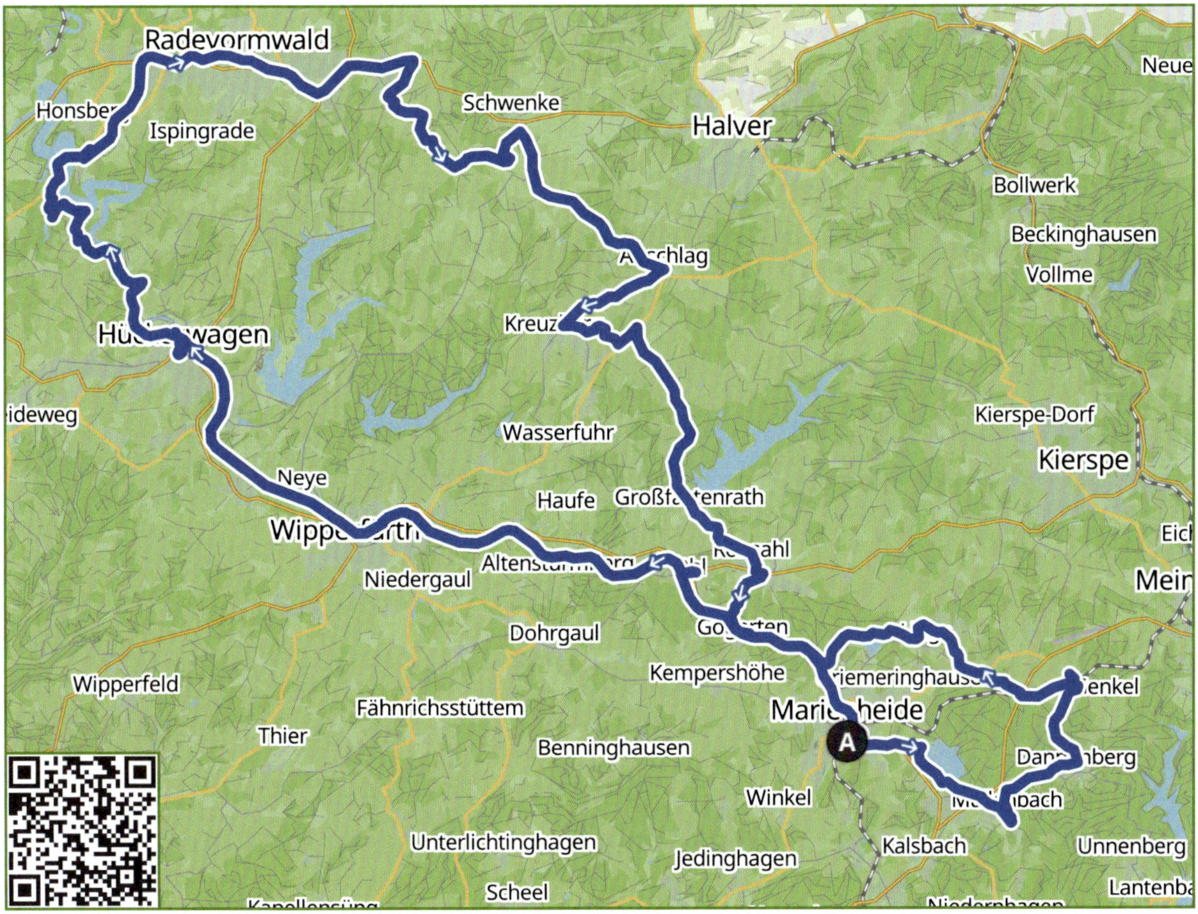

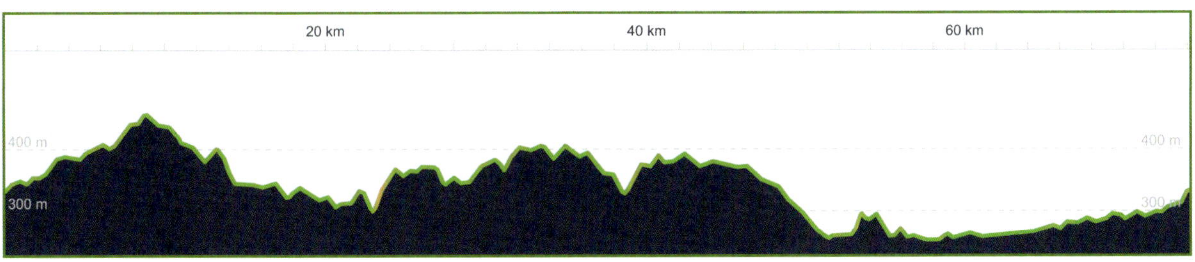

Vater Rhein und Mutter Natur

Der Rheinradweg

Rheinradweg kompakt

Start: Bad Honnef
Ziel: Emmerich
Gesamtstrecke: 250 km
Fahrzeit: 5 Tagesetappen
Höhenmeter: 350
Schwierigkeit: leicht

Anreise
Mit der Bahn fährt man bis direkt zum Startpunkt in Bad Honnef. www.bahn.de

Der Radweg
Der nordrhein-westfälische Teil des Rheinradweges führt von Bad Honnef nach Emmerich am Rhein. Am besten genießt man ihn, wenn man fünf Tage dafür einplant. Auf gut ausgebauten Radwegen kann man dabei auf diesem Abschnitt oft zwischen links- und rechtsrheinischem Ufer wählen. Es geht meist direkt am Wasser entlang. Die Beschilderung ist hervorragend, man folgt einfach dem Markierungszeichen mit dem blauen Rheinradler. www.rheinradweg.eu

Einkehr
Gaffel am Kölner Dom: Im Schatten des Kölner Doms, deftige deutsche Küche gepaart mit rheinischer Gemütlichkeit. www.gaffelamdom.de
Zonser Eis Manufaktur, Dormagen: Fantastische Eisbecher auf einem der schönsten Plätze von Zons – die perfekte Belohnung nach einer langen Radetappe! Schlossstraße 20, Dormagen-Zons
Canoo, Loungebar & Restaurant, Düsseldorf: Auf einem vor Anker liegenden Schiff, europäische Küche, gemütlich-moderne Einrichtung, schöne Terrasse mit Ausblick auf den Rhein. www.canoo-club.de

Buchtipp
Sehr gute Orientierung bietet das Radtourenbuch „Radreiseführer Rheinradweg: von Mainz nach Duisburg", Kompass Verlag, ISBN 978-3-99121-324-6.

Allgemeine Auskunft
Tourismus NRW e. V.
40219 Düsseldorf
info@rheinradweg.net
Telefon: 02 11 / 9 13 20-5 00
www.nrw-tourismus.de

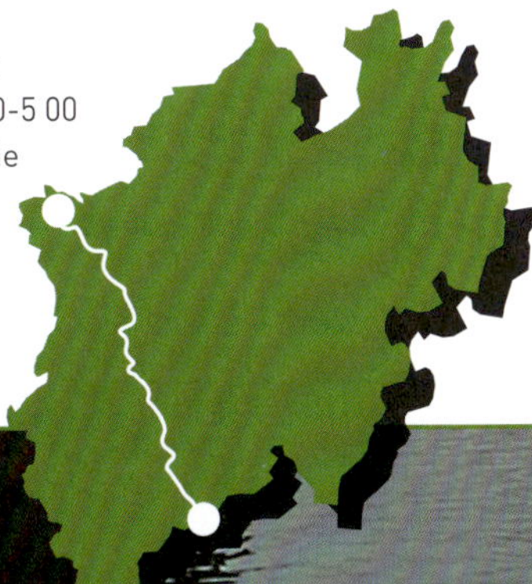

Ein Highlight der Tour ist die Rheinpromenade in Köln.
Wer müde Beine hat, kann aufs Schiff umsteigen.

Die Schönheiten dieses Flussufers und die vielfältigen Sehenswürdigkeiten lassen sich hervorragend per Rad entdecken. Der Kölner Dom, die Düsseldorfer Altstadt und die Stahlwerke des Ruhrgebiets bieten dabei höchst unterschiedliche Eindrücke.

Wenn man ein Ranking der tollsten Radfernwege in Nordrhein-Westfalen aufstellen müsste, käme man ins Schwitzen, schließlich haben alle Touren ihren ganz eigenen Charme. Wer aber einmal eine mehrtägige Radtour mit Zwischenübernachtungen ausprobieren möchte, dem kann man den nordrhein-westfälischen Abschnitt des Rheinradweges nur wärmstens empfehlen. Schließlich ist dieser Radweg flach, top befahrbar, die Sehenswürdigkeiten und die interessanten Städte unterwegs reihen sich wie Perlen an einer Schnur. Außerdem ist durch kulturelle Highlights für Abwechslung gesorgt, und jede Menge Natur kann man auf dieser Langstreckenradtour auch noch genießen. Gerade für Einsteiger spricht außerdem die sehr gute Infrastruktur für diesen Radweg: Es gibt viele gute Verpflegungs- und Übernachtungsmöglichkeiten, und man kann an vielen Orten auf ein Schiff oder in die Bahn umsteigen, wenn man mal eine Pause braucht oder das Wetter Regen beschert.

Europas bekanntester Fluss fließt auf seiner Reise zum Meer über 226 Kilometer durch Nordrhein-Westfalen. Entspannt lässt sich dieser Teil des

Wunderbar radelbar: ruhiger Rheindamm zwischen Wesel und Xanten (o.); moderne Architektur: die Kölner Kranhäuser (u.)

Rheinradweges in fünf Tagesetappen absolvieren. Die erste Etappe führt von Bad Honnef nach Köln, die zweite von Köln in die Landeshauptstadt Düsseldorf, die dritte Etappe weiter bis nach Duisburg. Auf der vierten Etappe radelt man vom industriell geprägten Duisburg weiter ins beschauliche Wesel und auf der fünften und letzten Etappe dann von dort aus am sehenswerten Xanten vorbei bis nach Emmerich.

Am Rheinstrand der Beethoven-Stadt

Auf der ersten Tagestour geht es von Bad Honnef im malerischen Siebengebirge durch das geschichtsträchtige Bonn bis in die quirlige Rheinmetropole Köln. Unterwegs passiert man Königswinter und Bad Godesberg, bevor die ehemalige Bundeshauptstadt erreicht ist. Direkt am Rhein radelt man die Museumsmeile entlang und kann in der Beethoven-Stadt am Rheinstrand oder in der gemütlichen Altstadt Rast machen. Der mächtige Fluss ist dabei steter Begleiter.

Bad Honnef als Startpunkt lohnt auf jeden Fall eine Stippvisite. Per Fähre kann man nach Königswinter an das andere Ufer wechseln. Der Rest der Etappe führt auf gut ausgebauten Radwegen stets flussabwärts – immer mit schönen Ausblicken. Alternativ kann man ab Bad Godesberg auch linksrheinisch bleiben und bis nach Bonn radeln. Das **Haus der Geschichte** ist dort genauso einen Besuch wert wie das Beethoven-Haus oder der Haribo-Lagerverkauf.

Per Rad geht es schließlich wieder aus der ehemaligen Bundeshauptstadt hinaus, unter der Kennedybrücke hindurch und weiter linksrheinisch auf dem gut befahrbaren Leinpfad. Rechts der Radstrecke liegt der Fluss, links passieren wir die Örtchen Hersel und Widdig, weiter, teils auf dem Rheindamm, geht es anschließend vorbei an Wesseling, danach kommt Rodenkirchen. Jetzt kann man bald

Das gemütliche Zentrum von Zons ist von einer Stadtmauer umgeben und lädt zum Eisessen, Bummeln und Entdecken ein. Auch die kleine Fähre legt hier ab.

den Kölner Dom erkennen und damit das Etappenziel der heutigen Radtour.

Auf ein Kölsch nach Kölle

Bevor die beiden mächtigen Türme der UNESCO-Welterbestätte **Kölner Dom** erreicht sind, führt der Radweg durch den Rheinauhafen mit seinen drei spektakulären Kranhäusern. Als Radler fährt man direkt an den überdimensionalen, L-förmigen Gebäuden entlang, danach kommt die gemütliche Altstadt mit der schönen Rheinpromenade. Hier hat man sich dann wirklich ein Gläschen Kölsch verdient.

Von der Karnevalsmetropole Köln mit ihrer verwinkelten Altstadt geht es auf der zweiten Tagesetappe weiter in die Landeshauptstadt Düsseldorf. Wer schlechtes Wetter erwischt oder einen Tag lang keine Lust aufs Radfahren hat, der kann auch auf ein Schiff der Köln-Düsseldorfer Deutsche Rheinschifffahrt GmbH umsteigen.

Zons bezaubert

Eindeutiges Fahrradhighlight auf diesem Abschnitt des Rheinradweges ist die **Festungsstadt Zons**, die man anfährt, wenn man auf der linksrheinischen Route bleibt. Mit dem liebenswerten mittelalterlichen Städtchen am Rhein ist ziemlich genau die Mitte zwischen Köln und Düsseldorf erreicht. Fast komplett ist das malerische Zons von der Befestigungsanlage aus dem 14. Jahrhundert umgeben und wird wegen seiner niedlichen Gässchen auch das „Rothenburg des Rheinlands“ genannt. Hier sollte man sich Zeit nehmen für einen Rundgang durch die historische

Düsseldorf bietet kulinarische Genüsse, die vielfältige Museumslandschaft begeistert Kunstfreunde.

Altstadt mitsamt Mühle, Stadtmauern, Burg Friedestrom und Einkehr in eines der schönen Lokale.

In Zons kann man übrigens mit einer kleinen Fähre auch an das andere Ufer übersetzen, wenn man es auf dem Abschnitt bis Düsseldorf gern etwas ruhiger haben möchte. Weiter geht es dann durch Auenlandschaften, bevor die erste Rheinbrücke der Modestadt Düsseldorf in den Blick kommt.

Die dritte Etappe des nordrhein-westfälischen Rheinradweges führt von Düsseldorf bis nach Duisburg – ein unterhaltsamer Abschnitt mit jeder Menge Natur und imposanten Industriebauten!

Es geht über Linn und vorbei an Uerdingen, stets auf gut befahrbaren, teils geschotterten Radwegen auf der linken Rheinseite bis nach Duisburg. Dass diese Stadt an Ruhr und Rhein lange durch die Themen Hafen und Kohle geprägt war, sieht man ihr an. Und der Hafen ist immer noch der weltweit größte Binnenhafen! An der Stelle, an der die Ruhr in den Rhein fließt, steht unübersehbar die orangene Bramme **Rheinorange**, die auch den Endpunkt des Ruhrtalradweges bildet. So ist Duisburg ein spannender Treffpunkt für Radfahrer und eine Stadt, die sich gemausert hat. Die begehbare Skulptur „Tiger & Turtle“ liegt etwas abseits des Rheinradwegs, ist aber einen Besuch wert.

An Tag vier auf dem Rheinradweg fahren wir von Duisburg weiter ins kleine, gemütliche Wesel. Es geht zunächst zu einem imposanten Stahlwerk, danach wird es zunehmend wieder grüner, ländlicher! Auf dieser letzten Tagesetappe geht es dann von Wesel über den Rheindeich an Xanten vorbei bis nach Emmerich am Rhein, wo man schon fast die niederländische Landesgrenze touchiert.

Störche, Schafe, Schifffahrt

Der Radweg führt hinter Wesel direkt an den Überresten der einst längsten Eisenbahnbrücke Europas vorbei. Sie wurde 1874 erbaut und als letzte Brücke über den Rhein im März 1945 gesprengt, um die Alliierten an der Rheinquerung zu hindern.

Heute geht es auf diesem Abschnitt zum Glück sehr friedlich zu, man genießt ländliche Idylle: Auf dem Rheindamm grasen viele zottelige Rinder und Schafe, über ihnen kreisen die Störche. Die „tierischen“

Der Bürgermeister von Wesel? Esel! (l.)
Über die Bislicher Insel (o.) geht's zur
Krimhild-Mühle in Xanten (u.).

Begegnungen sind im Frühjahr besonders schön, wenn einem der Fliederduft um die Nase weht und man links und rechts des Weges Kälbchen, Lämmchen und junge Storchenfamilien beobachten kann.

Es lohnt sich, vom Rad abzusteigen, am Wegesrand Obst direkt ab Hof zu erwerben und auf dem Rheindamm zu picknicken. Für Unterhaltung sorgen die zahlreichen Lastkähne, die unter internationaler Flagge fahren.

Während wir linksrheinisch auf die Römer- und Kurstadt Xanten zuradeln, geht es durch das Landschaftsschutzgebiet der Bislicher Insel. Dieses ist 10,5 Quadratkilometer groß. In seiner Auenlandschaft brüten jährlich drei Storchenpaare, bis zu 30.000 arktische Wildgänse überwintern hier, und Pirole, Schwarzmilane und Baumfalken sind ebenfalls hier zuhause. Das **RVR-Naturforum Bislicher Insel** ist kostenfrei zugänglich und sehr informativ!

Für einen Stopp in Xanten sollte man ein wenig Zeit einplanen. Die Räder kann man am Kurpark abstellen, um dort eine Runde zu flanieren und das Gradierwerk und die duftenden Blumenwiesen zu genießen. Anschließend kann man im historischen Stadtkern ein Eis schlecken oder eine Fahrt im pinken Flamingo-Tretboot auf der „Südsee" unternehmen. Einen Badestrand und eine Wasserskianlage findet sich an der „Nordsee", und der **Archäologischen Park in Xanten** gehört zu den besten Erlebnis-Museen Deutschlands. Auf den letzten Metern bis nach Emmerich am Rhein geht es sehr beschaulich zu – Natur links, Natur rechts des Weges.

Sehenswert

Schokoladenmuseum Köln
So schmeckt Museum! Hier dreht sich alles um die heißgeliebte Schokolade! Das auf einer Halbinsel im Rheinauhafen gelegene Museum präsentiert unter anderem eine Sammlung zur Geschichte der Schokolade und eine Ausstellung zur modernen Schokoladenproduktion. Das Highlight für Groß und Klein ist der Schokoladenbrunnen.
www.schokoladenmuseum.de

NRW-Kunstforum
Im Düsseldorfer Ehrenhof ist das NRW-Forum ein Ausstellungshaus mit dem Schwerpunkt Fotografie, digitale Kultur und Pop. Langeweile? ... ist hier Fehlanzeige, es geht bunt und unterhaltsam zu! Das denkmalgeschützte Museumsgebäude liegt zwischen Rheinufer und nördlich der Altstadt, in der Nachbarschaft zu Kunst- und Tonhalle.
www.nrw-forum.de

Innenhafen Duisburg
Auf dem 89 Hektar großen Gelände des Duisburger Innenhafens finden Radfahrer und Freizeitkapitäne alles, was ihr Herz begehrt. Einst zentraler Hafen- und Handelsplatz der Ruhrgebietsstadt, ist der Innenhafen heute eine Freizeitoase mit zahlreichen Cafés und Restaurants und dem Museum Küppersmühle.
www.innenhafen-portal.de

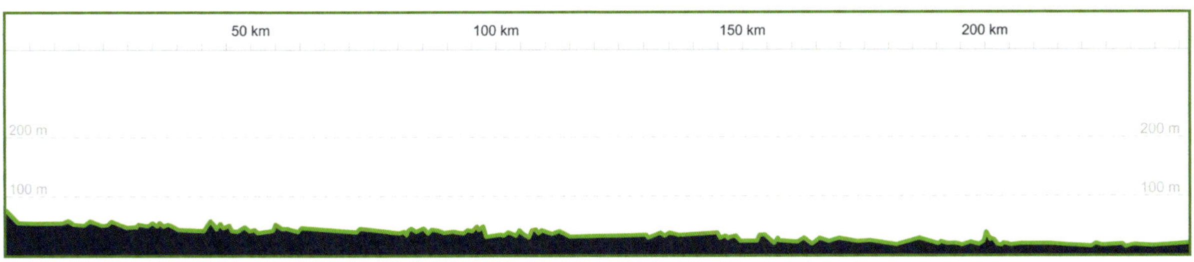

Vom Ufer der Ruhr zum Ufer der Sieg

Der Ruhr-Sieg-Radweg

Ruhr-Sieg-Radweg kompakt

Start: Meschede (Ruhr)
Ziel: Kirchen (Sieg)
Gesamtstrecke: 113 km
Fahrzeit: 7,5 Stunden
Höhenmeter: 560
Schwierigkeit: mittel

Anreise
Mit der Bahn fährt man bis direkt zum Startpunkt in Meschede. www.bahn.de

Der Radweg
Auf 113 Kilometern geht es, immer dem blau-weißen Logo des Radwegs folgend, von Fluss zu Fluss durch das Sauerland und Siegerland-Wittgenstein. Rund 40 Prozent der Strecke verlaufen auf ehemaligen Bahntrassen, für 15 weitere Radkilometer geht es entlang das Biggesees. Neben der reizvollen Landschaft machen auch die netten Ortschaften unterwegs den Charme dieser Tour aus. Den kostenfreien Ruhr-Sieg-Radweg-Prospekt gibt es hier: ruhr-sieg-radweg.de

Einkehr
Restaurant-Café Himmelreich: Direkt am Eingang der Atta-Höhle bieten sich gemütliche Plätze im Inneren des Höhlenrestaurants und auch auf der schattigen Terrasse. www.atta-hoehle.de
Gasthof zum Biggesee: Sauerländer Bachforelle mit Petersilienkartoffeln gefällig, oder doch lieber ein Sauerländer Kotelett mit hausgemachten Bratkartoffeln? Familie Heul tischt Hervorragendes auf! https://gasthof-zum-biggesee.de
Hüttenschenke in Kirchen: Gleich sechs verschiedene Biere vom Fass, die meisten aus der Region, sind hier in der gemütlichen Bierstube im Ausschank. Im Hüttengarten und in der Gaststube, die sogar über einen Kamin verfügt, werden traditionelle Gerichte aus regionalen Produkten serviert. www.huettenschenke.de

Buchtipp
Sehr gute Orientierung bietet der „ADFC-Radausflugsführer Alte Bahntrassen im Sauerland", BVA Bike Media Verlag, ISBN 978-3-96990-036-9.

Allgemeine Auskunft
Sauerland-Tourismus e. V.
Johannes-Hummel-Weg
57392Schmallenberg
Telefon: 0 29 74 / 9 69 80
www.ruhr-sieg-radweg.de

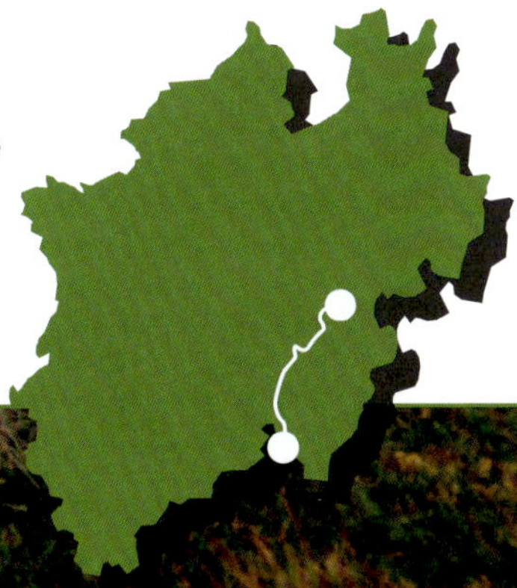

Die historische Altstadt von Freudenberg diente schon als Filmkulisse.

Vom Ufer der Ruhr zum Ufer der Sieg fährt man zum großen Teil auf stillgelegten Bahntrassen durch sattgrüne Mittelgebirgslandschaft, entlang des Biggesees und durch den Fledermaus-Tunnel. Etappenorte wie Attendorn und Freudenberg laden zum Bummeln ein.

Wer die Mittelgebirgslandschaft erfahren möchte, ohne sich allzu viel bergauf und bergab zu quälen, der hat mit dieser Streckentour eine sehr gute Option. Rund die Hälfte der Strecke führt steigungsarm über ehemalige Bahntrassen. Möchte man vom Ufer der Ruhr zum Ufer der Sieg radeln, so eignet sich der Bahnhof von Meschede als Ausgangspunkt. Man steigt von der Bahn direkt auf das Rad um und überquert die Ruhr, bevor es über Eslohe, einem staatlich anerkannten Luftkurort, nach Finnentrop geht.

Frühstück in der Abteigaststätte

Eine Übernachtung in Meschede sei all jenen empfohlen, die Lust haben, die **Abtei Königsmünster** auf dem Mescheder Klosterberg näher kennenzulernen. Nach den Plänen des Kölner Architekten Hans Schilling gebaut, 1964 eröffnet, ähnelt sie einer Trutzburg. Führungen durch Kirche und Kloster werden auf Anfrage angeboten. Radfahrer sind als Übernachtungsgäste im Gästehaus willkommen. Die Zimmer

Von Nord nach Süd radelt man auf dieser Tour durch dichtes Grün und oft fernab des Autoverkehrs.

sind einfach eingerichtet, die Atmosphäre spirituell und ruhig. In der Abteigaststätte kann man vor dem Start des Radtages auch hervorragend frühstücken, im Abteiladen findet man viele leckere und schöne Produkte, die die Benediktiner hergestellt haben. Am nahe gelegenen idyllischen Hennesee, der am nördlichen Rand des Naturparks Sauerland-Rothaargebirges liegt, laden Badestellen dazu ein, eine Runde zu schwimmen oder die Umgebung vom Wasser aus auf dem Stand-Up-Paddle-Board zu erkunden. Wer seine Waden und Oberschenkel für die bevorstehende Tour aufwärmen möchte, der kann die 328 rostigen Stahlstufen der „Himmelstreppe" erklimmen und den Ausblick über Meschede von der Dammkrone genießen.

Aber zurück auf unsere Radstrecke! Kurz bevor nach Verlassen von Meschede die Ruhr zum zweiten Mal überquert wird, bietet sich die Möglichkeit, das **Wasserschloss Laer** von außen zu besichtigen. Das 1268 erstmals urkundlich erwähnte schlichte, weiße Schloss befindet sich heute in Privatbesitz.

Shoppen im Einkaufsdorf

Durch dichtes Grün rollt man weiter, entlang des Flüsschens Wenne bis nach Eslohe. In dem gemütlichen Luftkurort, der zentral im Sauerland liegt, kann man schön bummeln. Schließlich nennt er sich selbst „das sympathische Einkaufsdorf" und verweist damit auf die kleinen und großen inhabergeführten Läden und gastronomischen Angebote. Im Kurpark kann man entspannt flanieren, das **Museum DampfLandLeute** ist eine willkommener Radstopp für Technikinteressierte. Bei Fehrenbracht sorgt der „Fledermaus-Tunnel" für spannende Abwechslung unterwegs. Der Kückelheimer Tunnel ist 689 Meter lang, beleuchtet und ein Winterquartier für Bartfledermaus, Wasserfledermaus und das Braune Langohr. Deshalb dürfen Radfahrer hier nur zwischen April und Ende Oktober hindurchradeln, im Winter gilt es, einen Umweg zu fahren, um die Tiere nicht zu stören.

Trutzig wirkt das Kloster der Benediktinerkongregation von St. Ottilien in Meschede.

Nachdem wir am Schloss Lenhausen vorbeigefahren sind, das mit seiner Bruchsteinfassade auch in Schottland stehen könnte, radeln wir an der Lenne nach Finnentrop hinein. Diese Kleinstadt liegt zwischen den Gebirgszügen des Ebbegebirges im Südwesten und der Homert im Nordosten. Im Gemeindegebiet befinden sich gleich neun Naturschutzgebiete. Wir radeln durch Altfinnentrop und überqueren die Bigge, an deren Ufer wir Richtung Attendorn weiterrollen. Nachdem wir das verträumte Schloss Ahausen zu unserer Linken passiert haben, gilt es, den Ahauser Stausee zu überqueren.

Fürstlich kneten, bitte

Hoch auf dem Berg thront dann zur Linken des Weges die Burg Schnellenberg, die ein Vier-Sterne-Hotel sowie ein Restaurant und eine Bar beherbergt. Wer sich also nach den absolvierten Radkilometern eine schicke Übernachtung gönnen möchte, der ist hier an der richtigen Adresse. Im angeschlossenen Wellness-Bereich kann man sich in der Sauna oder bei einer Massage unter dem Motto „Fürstlich kneten, bitte“ entspannen.

Die Königin der Tropfsteinhöhlen

Attendorn ist nach rund 56 Kilometern seit Meschede erreicht und ist damit fast ziemlich genau die Mitte dieses Fernradweges. Deshalb eignet sich die 250.000-Einwohner-Stadt mit der charmanten Altstadt hervorragend für eine Zwischenübernachtung. Unweit des **Biggesees** eingebettet in eine malerische Umgebung, erfreut sich vor allem die spektakuläre **Aussichtsplattform Biggeblick** großer Beliebtheit. Sie liegt hoch über dem See und bietet eine reizvolle Aussicht. Auch die **Atta-Höhle** ist ein beliebtes Ausflugsziel. Selbstbewusst nennt sie sich: „Die Königin unter den Tropfsteinhöhlen“, eine Führung durch das Höhlenlabyrinth dauert rund 40 Minuten.

Auf der zweiten Tagesetappe geht es von Attendorn zunächst an der Bigge entlang und fast stetig leicht bergauf. Am Strandbad Waldenburg bietet sich die erste Möglichkeit, in die Fluten der Bigge zu springen. Über 15 Kilometer radelt man nun stets am Blau der Bigge entlang bis nach Olpe. Es ist herrlich,

Sehenswert

DampfLandLeute Museum
Das Esloher Museum lädt zum Anfassen und Mitmachen ein und informiert anschaulich über das frühe Leben und Arbeiten der Menschen in der Region. Neben alten Dampfmaschinen gibt es eine Abteilung zum Thema Dorfhandwerker, alte Feuerwagen zeigen die Ausrüstung der freiwilligen Feuerwehr im Wandel der Zeit.
www.museum-eslohe.de

Atta-Höhle
Die Gesamtlänge dieser weitverzweigten Tropfsteinhöhle misst 6670 Meter, bei einer Führung kann man rund 1800 Meter davon entdecken. Im Sommer Jacke nicht vergessen, die Temperatur beträgt ganzjährig nur neun Grad Celsius. Ein Andenken ist der würzige Atta-Käse, der im besonderen Klima der Höhle rund drei Monate lang reift.
www.atta-hoehle.de

St. Mauritius und Gefährten
Die im Jahr 1898 fertiggestellte katholische Kirche in Niederfischbach, bekannt als „Siegerländer Dom“, beeindruckt mit vier Türmen. Besonders sehenswert ist das Bodenmosaik im Mittelgang.
www.naturregion-sieg.de

die Blicke über das Wasser schweifen zu lassen und den Wassersportlern zuzusehen, die um die Gilberginsel schippern.

Olpe ist eine Stadt, die im Norden vom Ebbegebirge, im Westen vom Bergischen Land, im Südosten vom Siegerland und im Osten vom Rothaargebirge eingerahmt ist. An der nahen Biggesee-Talsperre, der größten Talsperre in Nordrhein-Westfalen, gibt es viele Angebote für Wassersportler: Segeln, Angeln, Surfen und sogar Tauchen ist hier möglich. Über die Biggestraße geht es hinaus aus der Kreisstadt, durch Gerlingen und das Naturschutzgebiet Biggetal, das Naturschutzgebiet Dermicktetal und das Naturschutzgebiet Gabachtal sowie durch den Hohenhainer Tunnel bis nach Freudenberg. In hügeliger Mittelgebirgslandschaft bietet die Dichte an Fachwerkhäusern eine wahre Augenweide. Kein Wunder, dass die Stadt schon als Filmkulisse diente. Die Südwestfälische Freilichtbühne Freudenberg zieht jede Saison beachtliche 50.000 Zuschauer an.

Zunächst entlang der Asdorfer Straße, vorbei am Asdorfer Weiher und über den Asdorftalradweg fährt man dann durch Niederfischbach mit dem **Siegerländer Dom** St. Mauritius und Gefährten und der Fischbacherhütte, bevor mit Kirchen (Sieg) der Endpunkt dieser abwechslungsreichen Radtour vor uns liegt. Sollte noch Zeit sein, lohnt ein Abstecher zum 20 Meter hohen Druidenstein, einer Basaltformation im Ortsteil Herkersdorf. Endpunkt der Tour ist der Bahnhof in Kirchen, den man erreicht, wenn man einmal über die Sieg geradelt ist. Somit haben wir das Motto der Tour „Vom Ufer der Ruhr zum Ufer der Sieg“ erfolgreich erfüllt.

Die Kirche St. Mauritius und Gefährten wird auch Siegerländer Dom genannt.

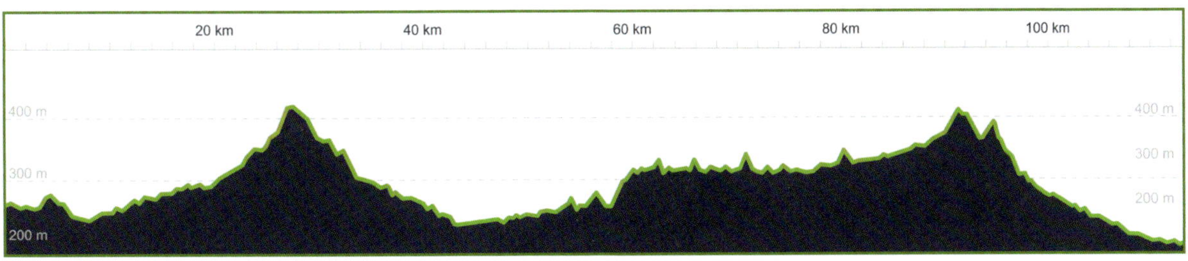

Durchatmen am friedlichen Fluss

Der Radweg Sieg

Radweg Sieg kompakt

Start: Rheinallee in Mondorf
Ziel: Windeck-Rosbach (Bahnhof)
Gesamtstrecke: 64 km
Fahrzeit: 1–2 Tagesetappen
Höhenmeter: 184
Schwierigkeit: leicht

Anreise
Mit der Bahn fährt man bis zum Bahnhof Bonn-Beuel oder Bahnhof Bornheim-Roisdorf, anschließend Fähre Mondorf.
www.bahn.de

Der Radweg
Mit dem gelben „S" auf weißem Grund ist der Radweg bestens ausgeschildert und verläuft überwiegend auf asphaltierten Wegen entlang des Flusses. Der Radweg ist in beide Richtungen gut befahrbar, wir starten an der Mündung der Sieg in den Rhein und folgen der sich schlängelnden Sieg für 64 Kilometer Richtung Osten bis in die 19.000 Einwohner zählende Gemeinde Windeck. Unterwegs bezaubert die Naturregion Sieg mit ihrer eindrucksvollen Flusslandschaft.
Informationsmaterial kann man hier kostenfrei bestellen:
https://naturregion-sieg.de

Einkehr
Zur Siegfähre: Beliebtes Ausflugslokal mit herzhaften Speisen wie Currywurst und Schnitzel auf der Speisekarte, aber auch vegetarische Alternativen, frische Salate und leckere Eisbecher.
www.siegfaehre.de
Be real in Siegburg: Liebling der Siegburger – modern und köstlich. Cheeseburger bis vegane Burger machen alle glücklich.
https://bereal-siegburg.de
Landgasthof Zur Post in Windeck-Rosbach: Von Hirschragout über Spinat-Ricotta-Maultaschen bis zu Windecker Salat – hier werden hungrige Radler lecker satt. www.zur-post-windeck.de

Buchtipp
Gute Orientierung bietet das bikeline-Radtourenbuch „Bahntrassen- und Fluss-Radwege Bergisches Land", Verlag Esterbauer, ISBN 978-3-85000-856-3.

Allgemeine Auskunft
Besucherzentrum Naturregion Sieg
Schönecker Weg 3
51570 Windeck-Schladern
Telefon: 0 22 92 / 9 56 20 23
www.naturregion-sieg.de

„Fährmann hol' über!" heißt es gleich zu Beginn der Tour entlang der insgesamt 155 Kilometer langen Sieg.

Die Sieg ist ein beliebtes Ziel zur Naherholung für die Rheinländer. Auch wenn ihr Name sich vom keltischen Wort „Sikkere" ableitet, was so viel bedeutet wie „schneller Fluss" – sie kommt doch sehr sanft und freundlich daher.

Ambitionierte Tourenfahrer könnten die 64 Kilometer lange Radtour entlang der lieblichen Sieg in einem Rutsch und an einem Tag abradeln. Das wäre aber schade, denn so bliebe weder genügend Zeit für ein Bad in den flachen Siegauen bei Mondorf noch für ein frisch gezapftes Bier an der Siegfähre.

Wie wäre es stattdessen mit einer dreitägigen Auszeit, die mit einer Übernachtung in der Beethoven-Stadt Bonn beginnt? Hier lässt es sich in der gemütlichen Altstadt, bei einem Besuch des Beethoven-Hauses oder des Hauses der Geschichte wunderbar entspannen. Auch für das leibliche Wohl sorgt die rheinische Gastlichkeit zur Genüge. Nicht nur für Naschkatzen, die sicher dem Haribo-Laden in der Heimatstadt der Goldbären einen Besuch abstatten wollen, ist etwas dabei. Deftige Speisen lassen sich im Schatten des historischen Rathauses oder mit Blick auf das Rheinufer genießen. Morgens kann man ausgeschlafen zum Startpunkt radeln, der Siegmündung in den Rhein.

Als erstes rollt man am Yachthafen von Mondorf entlang und dann zum Fischereimuseum Bergheim.

Die Klosterkirche St. Agnes (l.) und der 84 Meter breite Siegwasserfall (r.) sind willkommene Pausenstopps.

Da der Fischfang über viele Jahrhunderte lang die Lebensgrundlage der Menschen hier sicherte, hat er große Tradition.

Die letzte Ein-Mann-Fähre des Landes

Dann gilt es, mit Hilfe der kleinen Siegfähre die Sieg zu überqueren und am anderen Ufer weiterzuradeln. Obwohl wir noch gar nicht weit gerollt sind, lohnt hier schon ein erster Stopp. Denn neben dem beliebten **Ausflugslokal Zur Siegfähre** lädt eine kleine Badestelle dazu ein, sich abzukühlen. Von nun an radelt man am südlichen Ufer durch das liebliche Siegtal mit dem Fluss, der sich windet und schlängelt, zur Linken. Am gegenüberliegenden Ufer ist der Sieglarer See ein rege frequentiertes Brutgebiet für Wasservögel.

Ein Abstecher ins sehenswerte **Siegburg** sollte auf keinen Fall fehlen. Dafür müssen wir die Sieg einmal überqueren. Dieser „Seitenwechsel" lohnt sich allemal, denn die Kreisstadt verfügt neben einem hübschen Markt auch über die schmucke ehemalige Benediktinerabtei St. Michael.

Wallfahrtskirche voraus

Nachdem man sich wieder in den Sattel geschwungen hat, ist nach wenigen Kilometern bereits Hennef erreicht. Auch „die Stadt der 100 Dörfer" genannt, sind hier besonders der Marienwallfahrtsort Bödingen mit der **Wallfahrtskirche Zur schmerzenden Mutter** sowie die mittelalterlichen Bauten und die Burgruine von Stadt Blankenberg bekannt. In diesem hübschen Ort mit seiner alten Stadtmauer lässt es sich gut übernachten, wenn man den Radweg Sieg in zwei Tagesetappen genießen möchte.

Weiter geht es am nächsten Tag, immer in Windungen der Sieg folgend, bis zu einem kleinen Bahnübergang, an dem man die Schrankenöffnung noch persönlich anfordern muss. Nachdem der Knopf gedrückt ist, spricht man kurz mit einem freundlichen Stellwerksmitarbeiter, der die Schranke dann öffnet. Auf der anderen Seite des Bahnübergangs angekommen muss man ihn informieren, dass die Bahn jetzt wieder frei ist. Über zwei Radbrücken geht es mit wenigen Pedalumdrehungen bis zum Schloss Merten. In diesem ist heute ein Altenheim untergebracht, der Schlosspark kann aber erkundet werden.

Nach dem kleinen Spaziergang muss man für eine Steigung ein paar Mal kräftig in die Pedale treten. Oben angekommen, belohnt der Weitblick für die Mühen. Und auch das nun noch vor uns liegende Wegstück kommt einer Belohnung gleich, denn der Flussradweg ist hier wie aus dem Bilderbuch: entspanntes, störungsfreies Radeln direkt am Wasser. Vom Sattel aus kann man den Blick über saftige Wiesen und satte Mischwälder schweifen lassen.

Am nördlichen Ufer verbleibend, radeln wir nach Eitorf. In der 19.000-Einwohner-Gemeinde ist

Erfrischung am Wegesrand – in manchen Abschnitten der Sieg ist sogar Baden erlaubt!

die Biologische Station im Rhein-Sieg-Kreis e.V. ansässig, der u.a. über die sehr seltene Schmetterlingsart Ameisenbläuling forscht und informiert. Eine aufschlussreiche Informationsbroschüre zu dieser nur noch hier vorkommenden Art findet sich auf der Webseite der Biostation (www.biostation-rhein-sieg.de).

Vor der nächsten Siegschleife rollt man vorbei am **Wasserkraftwerk Unkelmühle**, das unter Denkmalschutz steht. Die Sieg ist der Lachsfluss überhaupt in Nordrhein-Westfalen, daher baute man die Staustufe im Rahmen des Fischschutzes um. Mit Hilfe von Bypässen soll auch anderen Fischen wie Aalen die Wanderung ermöglicht werden.

Nach dem Bahnhof Herchen rollen wir zweimal über die Sieg. In Herchen lädt das Kurpark-Café, das auch ein Bett&Bike-Betrieb ist, in hübschem Garten zur Einkehr ein. Hier hat man die Qual der Wahl zwischen schmackhafter Stachelbeerbaisertorte, Donauwellen oder Rhabarber-Streuselkuchen.

Siegtaldom und Wasserfall

An der nun folgenden Siegschleife bei Röcklingen geht es erneut zweimal über die sanft dahinfließende Sieg. Man folgt einer weiteren Siegschleife, diesmal dicht am Ufer entlang. Zur Linken steht die Kirche St. Laurentius, das Wahrzeichen von Dattenfeld. Diese römisch-katholische Pfarrkirche wurde 1880 fertiggestellt. Wegen der imposanten, 56 Meter hohen Doppeltürme an der Fassade kam die Kirche zu ihrem Spitznamen „Siegtaldom". Ein paar Pedaltritte weiter erreichen wir dann Windeck. Links des Weges liegt bald die Burg Mauel, eine kleine Wasserburg mit angeschlossenem Biergarten. Nach erneuter Überquerung der Sieg sollte man in Schladern einen Abstecher nach links machen. Hier liegen nicht nur zwei schöne Badestellen unweit des **Sieg-Wasserfalls**, sondern auch das sehenswerte Besucherzentrum der Naturregion Sieg. Auch wenn der Siegfall nicht mit den Niagarafällen mithalten kann, ist er mit einer Breite von 84 Metern der größte Wasserfall in Nordrhein-Westfalen. Wer den Ausblick auf die Kaskaden bei einem kühlen Getränk genießen möchte, hat dazu im Biergarten Elmores Gelegenheit. Tapas-Teller, orientalische Dips, Suppen, Waffeln oder Cakepops werden angeboten, so dass man sich nach den absolvierten Kilometern in entspannter Lounge-Atmosphäre wieder mit frischer Energie versorgen kann.

Rückkehr oder weiter zur Quelle?

Der ausgeschilderte Radweg Sieg endet ein paar Radumdrehungen weiter am Bahnhof Rosbach, von dem aus man bequem die Rückreise antreten kann.

Wenn es die Reisepläne noch zulassen, empfiehlt sich der Aufstieg auf den Schlossberg von Altwindeck. Dort ist die sehenswerte Ruine der Burg Windeck zu entdecken. Als „castrum novum in windeke" wurde die Höhenburg bereits 1174 erstmals urkundlich erwähnt. Kein Wunder, dass die schaurig-schöne Atmosphäre der Burgruine auch schon als Filmschauplatz genutzt wurde.

Wer von Rosbach aus noch nicht nach Hause reisen möchte, sondern lieber in Richtung der mitten im Wald gelegenen Siegquelle weiterradeln möchte, dem wird empfohlen, zwischen Au/Sieg und Mudersbach-Niederschelderhütte in die Bahn einzusteigen (RE 9). Von Mudersbach-Niederschelderhütte bis zur Sieg-Quelle kann man der Streckenbeschreibung folgen, die hier zu finden ist: www.siegen-wittgenstein.info

Sehenswert

Besucherzentrum Naturregion Sieg
Direkt am Siegwasserfall gelegen, bietet das Besucherzentrum der Naturregion Sieg neben Tipps und Informationen zur Region auch regionale Produkte an, die man erwerben kann. Die Ausstellung mit „Erzählbäumen" erklärt die Geschichte des Siegtals und gibt Kindern beim Tierstimmen-Quiz die Gelegenheit, auf spielerische Art etwas dazuzulernen.
www.windecker-laendchen.com

Bilderbuchmuseum
Das einzige Museum dieser Art in Europa findet sich in Troisdorf in den Mauern der Burg Wissem. Hier kann man den Gespensterraum und den Märchenturm erkunden und in 15.000 Büchern blättern, säuberlich sortiert nach Illustratoren. Auch Erwachsene werden etwas zum Schmökern auf dem Janosch-Sofa finden. Janosch gab fast alle seine Originale an dieses Museum!
www.troisdorf.de/de/natur-kultur/bilderbuchmuseum

Heimatmuseum Windeck
Liebevoll wurde das Heimatmuseum mit Relikten der Windecker Vergangenheit bestückt. Beheimatet im alten Schulgebäude finden sich u. a. Funde aus der Burg Windeck. Die Bandbreite reicht dabei von Spielzeug über Geschirr bis zu Lampen. In weiteren Räumen finden sich Exponate wie Bergische Uhren und liturgische Geräte aus umliegenden Kirchengemeinden.
www.heimatmuseum-windeck.de

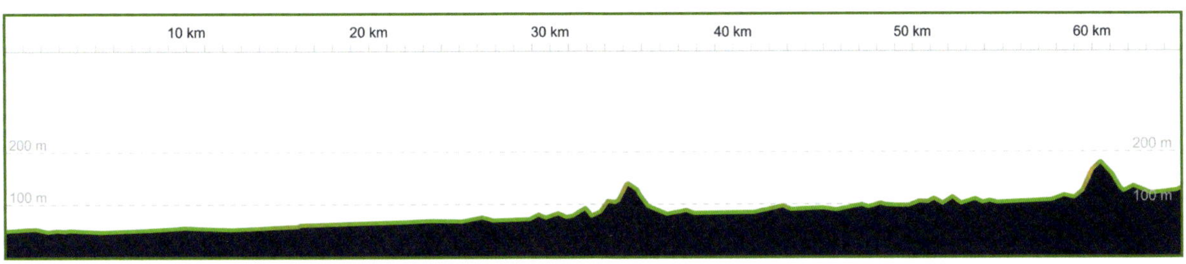

Trassengenuss vor Industriekulisse

Stahlküche

Stahlküche kompakt

Start und Ziel: Gasometer Oberhausen
Gesamtstrecke: 40 km
Fahrzeit: 2,5 Stunden
Höhenmeter: 160
Schwierigkeit: mittel

Anreise
Am Gasometer Oberhausen stehen kostenfreie Parkplätze zur Verfügung. Jeder Bus und jede Straßenbahnlinie, die am Bahnhofsvorplatz des Bahnhofs Oberhausen von Bussteig 1 abfährt, hält nach ca. fünf Minuten Fahrt an der Neuen Mitte Oberhausen. www.stoag.de

Der Radweg
Ab dem Gasometer Oberhausen geht es zunächst am Rhein-Herne-Kanal entlang, dann bald auf die autofreie und herrlich befahrbare Trasse Grüner Pfad. Schön ist ebenfalls der Abschnitt, den wir über den Rheindeich radeln. Schließlich geht es auf der ebenfalls autofreien HOAG-Trasse zurück. Die Orientierung mit gpx ist einfach, alternativ folgt man der Beschilderung entlang der Knotenpunkte. Wer sich auf dieser gut beschilderten Rundtour an den Knotenpunkten orientieren möchte, kann dies anhand der folgenden Nummern tun: 9, 10, 13, 25, 39, 26, 24, 36, 22, 21, 14, 13, 10, 9.
Bei der Ruhrtourismus GmbH gibt es kostenfreie Prospekte und eine Karte. Weitere Informationen unter: www.radrevier.ruhr

Einkehr
Restaurant Hauptschalthaus: Mitten im Landschaftspark Duisburg-Nord: Leckere Hauptgerichte, aber auch Bistrogerichte wie Burger, Flammkuchen und deftige Eintöpfe. www.hauptschalthaus.com
Biergarten Mühlenweide Duisburg: Verschiedene Blechkuchen, aber auch die fürs Ruhrgebiet so typische, deftige Currywurst unter freiem Himmel und dem Fahnenmast. https://biergartenmuehlenweide.de
Schloss-Gastronomie Kaisergarten in Oberhausen: Zwischen Ludwiggalerie und Kaisergarten; Kuchen, Waffeln, Suppen und Zwiebelrostbraten – hier gibt es Leckeres für jeden Appetit. https://kaisergarten.de

Buchtipp
Ein Buch zur Route gibt es nicht. Sehr gute Orientierung bieten die Internetseite und die Informationsmaterialien der Ruhrtourismus GmbH: www.radrevier.ruhr

Allgemeine Auskunft
Ruhrtourismus GmbH
Centroallee 261
46047 Oberhausen
Telefon-Hotline: 0 18 06 / 18 16 20
(€ 0,20 / Anruf aus
allen deutschen Netzen)
www.radrevier.ruhr

Mit einer Höhe von 117 Metern ist der Gasometer die höchste Ausstellungshalle in Europa!

Das Ruhrgebiet galt lange als „Stahlküche“ des Landes. Einige der großen Produktionsstandorte sind inzwischen geschlossen und – wie der Landschaftspark Duisburg-Nord – zu einer urbanen Kultur- und Sportstätte umfunktioniert worden.

Eine so spannende Rundtour wie diese gibt es wohl an keinem anderen Ort der Welt. Die Gegensätze von Natur und Industrie, von industrieller Vergangenheit und heutiger Freizeitnutzung, beste Radbedingungen in einem der größten Ballungsräume Europas, frei von Autoverkehr durch dichtes Grün, mehr Abwechslung gibt es wirklich nicht. Als Krönung des Ganzen führt der Rundweg auch noch am Rhein entlang.

Höchste Veranstaltungshalle Europas

Allein schon der Startpunkt dieser Rundtour verdient schon einen Tusch! Man sollte nach der Radtour unbedingt Zeit für einen Besuch einplanen! Denn der **Gasometer** in Oberhausen ist nicht nur ein bedeutendes Industriedenkmal, sondern heute auch die höchste Ausstellungs- und Veranstaltungshalle Europas. Bis in das Jahr 1988 war er mit einem Durchmesser von 68 Metern, einer Höhe von 117 Metern und einem Speichervolumen von 347.000 Kubikmetern Europas größter Scheibengasbehälter.

Nach seiner Sanierung ist er heute eine ganz besondere Eventlocation und Rahmen für kulturelle Ereignisse vielfältiger Art – darunter Ausstellungen von Künstlern wie Christo und Jeanne-Claude, die aus 13.000 bunt lackierten Ölfässern „The Wall“ im

Gasometer installierten. Schwindelfreie Besucher können vom Dach einen schönen Ausblick auf das westliche Ruhrgebiet genießen.

Auch die Lage des Gasometers vis-à-vis vom Einkaufszentrum CentrO bietet einiges an Freizeitmöglichkeiten. Neben 250 Geschäften ist der Food-Court der zweitgrößte seiner Art in Europa. Restaurants mit schöner Außengastronomie, Wasserflächen und reiche Bepflanzung laden im Außenbereich zum Entspannen ein.

Ein Kinderspielzeug als Brücke

Auf den rund 40 Kilometern, die wir im Folgenden durch Oberhausen und Duisburg radeln, warten noch weitere wirklich sehenswerte Orte darauf, entdeckt und fotografiert zu werden. Nachdem wir den Gasometer zu Beginn der Radtour umrundet haben, geht es zunächst über eine Brücke und dann hinunter zum Ufer des Rhein-Herne-Kanals, an dem man nun ein gutes Stück direkt am Ufer entlangradelt. An der kunterbunten, schwingenden **Brücke Slinky Springs to Fame** sollte unbedingt ein Fotostopp eingelegt werden. Wer den Kanal überquert, der gelangt direkt in den Kaisergarten mit seinem kleinen, aber feinen Streichelzoo, und zu Schloss Oberhausen mit der bekannten Ludwiggalerie. Dann fährt man direkt an den Tribünen des Niederrhein-Stadions, ein wenig entlang der Lindnerstraße, die wir aber bald queren und hinter uns lassen. Ein kurzes Stück führt uns dann an der Emscher entlang, bevor es etwas bergan und links auf die wunderbar befahrbare Trasse Grüner Pfad geht. Frei von Autoverkehr radeln wir nun ungehindert über glatten Asphalt bis zum **Landschaftspark Duisburg-Nord**, an dem sich das Einlegen einer Rast ebenfalls lohnt.

Die coolste Location weit und breit

Das imposante ehemalige Hochofenwerk wurde bereits 1985 stillgelegt und in einen Landschaftspark umgestaltet. Das gesamte Gelände, inklusive der Aussichtsplattform, ist frei zugänglich und bietet beste Unterhaltung. Man kann Kletterern des Deutschen Alpenvereins zusehen, wie sie die Wände des Industriedenkmals hochklettern, findet spektakuläre Fotomotive und kann sich bei Kaffee und Kuchen oder Currywurst für den weiteren Weg stärken.

Vom Landschaftspark geht es weiter auf dem Grünen Pfad Richtung Duisburg Ruhrort. Hier verbreitet der größte Binnenhafen der Welt internationales Flair. In Erinnerung an die beliebten „Tatort“-Filme, die hier gedreht wurden, gibt es sogar eine Horst-Schimanski-Gasse. Wer ein wenig mehr Zeit in Ruhrort verbringen möchte, dem sei das Museum der Deutschen Binnenschifffahrt und die Skulptur Rheinorange als Sehenswürdigkeit empfohlen.

Kunterbunte Brücke mit Schwung: Slinky Springs to Fame

Auf einer Landzunge, am Zusammenfluss von Ruhr und Rhein gelegen, ragt eine knallorange Stele 25 Meter in den blauen Himmel. Diese Stahlskulptur, die bei Rheinkilometer 780 in die Erde gerammt wurde, wurde vom Kölner Bildhauer Lutz Fritsch gestaltet. Sie ist sieben Meter breit, wiegt ganze 83 Tonnen und soll an eine glühende Bramme aus der Stahlproduktion erinnern. Namensgeber der Skulptur ist der Farbton RAL 2004. Diese Landmarke ist übrigens den offiziellen Endpunkt des 230 Kilometer langen Ruhrtalradweges (siehe S. 16), und so trifft man hier immer auf viele Radfahrer aus Nah und Fern.

„Rheines Vergnügen“ vor Industriekulisse

Die Radtour führt in Ruhrort hinauf auf den Rheindeich, von dem aus man wunderbare Fernblicke über den mächtigen Strom genießen kann. In der Ferne kann man auf der 103 Meter hohen Halde Rheinpreußen die große, rote Grubenlampe als Haldenkunstwerk „Das Geleucht“ erkennen. Nach viel Natur überrascht Radler bald das imposante Stahlwerk von Thyssenkrupp, das dann ins Blickfeld gerät.

Wer sich von oben ein Bild dieses umfangreichen Industriekomplexes machen möchte, dem sei die kurze Auffahrt auf den Alsumer Berg empfohlen. So lassen sich der Verlauf des Rheins sowie Stahlwerk und Kokerei gut überblicken.

Mal grün, mal industriell, mal maritim wie hier in Duisburg ist diese Tour.

Auf der abwechslungsreichen Radrunde radelt man dann direkt über das riesengroße Industrieareal. Zum Glück über gut ausgebaute Radwege, die uns über Brücken und vorbei an riesigen Rohren und Industriegebäuden führen.

Spielfiguren weisen den Weg

Wenn die Brücke mit den blauen Spielfiguren, die das Wiedererkennungsmerkmal der **HOAG-Trasse** sind, in den Blick kommt, wird es wieder ruhiger. Wir fahren rechts auf die ehemalige Bahntrasse hinauf und genießen wieder ungestörtes Radvergnügen durch einen „grünen Tunnel".

Die HOAG-Trasse ist eine zwölf Kilometer lange, zu einem Rad- und Wanderweg umgebaute Güterverkehrsstrecke, die zwischen den Städten Duisburg und Oberhausen verläuft. Namensgeberin sind die ehemaligen Hüttenwerke Oberhausen Aktien Gesellschaft (kurz: HOAG). Wo früher per Zug Kohle von der Zeche Sterkrade zum Rheinhafen in Walsum transportiert wurde, entstand nach fünfjähriger Bauzeit und einer Investitionssumme von rund sieben Millionen Euro ein Radweg wie aus dem Bilderbuch. Eröffnet im Jahr 2007, wird er inzwischen reichlich von Radfahrern, aber auch von Spaziergängern genutzt. Familien gefällt die 22 Meter lange Riesenrutsche in Walsum besonders gut, die vom Radweg zu Schaukel und Sandkasten führt. Brücken und Tunnel sind mit 1,50 Meter hohen bunten Spielfiguren aus

Sehenswert

Landschaftspark Duisburg-Nord
Einst wurden hier in 82 Jahren mehr als 57 Millionen Tonnen Roheisen produziert. Heute wird das 200 Hektar große ehemalige Industriegelände von Kletterern, Tauchern und Ausflüglern genutzt. Unbedingt auf die Aussichtsplattform in 80 Metern Höhe steigen! Abends hüllt die Lichtinstallation des britischen Künstlers Jonathan Park die rostigen Riesen in buntes Licht.
www.landschaftspark.de

Hafenflair
Der Duisburger Binnenhafen ist der größte seiner Art weltweit. 21 Hafenbecken auf 180 Hektar kann man hier zählen. Bei einer Hafenrundfahrt lernt man viel über den Warentransport zu den Seehäfen. Auch das Museum der Deutschen Binnenschifffahrt ist einen Besuch wert, genau wie der Innenhafen mit seinen rund 15 verschiedenen Restaurants.
www.binnenschifffahrtsmuseum.de

Slinky Springs to Fame
Diese Fußgängerbrücke über den Rhein-Herne-Kanal macht einfach gute Laune! Architekt Tobias Rehberger hat sich von einem Kinderspielzeug inspirieren lassen, als er „Slinky Springs to Fame" erfand. Die Brücke ist kunterbunt, lädt zum Hüpfen und Rennen ein und führt direkt zum kostenfreien Kaisergarten mitsamt Streichelzoo.
https://emscherkunstweg.de

Beton markiert. Besonders toll ist, dass die HOAG-Trasse weitgehend kreuzungsfrei verläuft und so ungestörtes Radfahren ermöglicht. Außerdem ein großes Plus: Die Trasse verfügt über 13 Rastplätze und mündet in Oberhausen-Buschhausen in die Rad- und Wandertrasse Grüner Pfad.

Schließlich sehen wir die stillgelegte Zeche Sterkrade, die rund 30 Jahre in Betrieb war und ebenfalls sehr fotogen direkt an der Trasse gelegen ist. Heute ist nur noch das Fördergerüst und die Schachthalle erhalten geblieben, und die Natur hat sich die umliegenden Flächen zurückerobert. Im Sommer blühen Schmetterlingsflieder und Goldrute in voller Pracht. Wer genauer hinsieht, erkennt Nachbauten der Baracken, die an Hunderte von Zwangsarbeitern erinnern, die hier unter schwierigsten Bedingungen arbeiten und wohnen mussten.

Schließlich geht es über das gleiche Wegstück zurück zum Gasometer, auf dem wir schon auf dem Hinweg geradelt sind. Mit dem riesigen Industriedenkmal ist der Knotenpunkt 9 und unser Ausgangspunkt wieder erreicht.

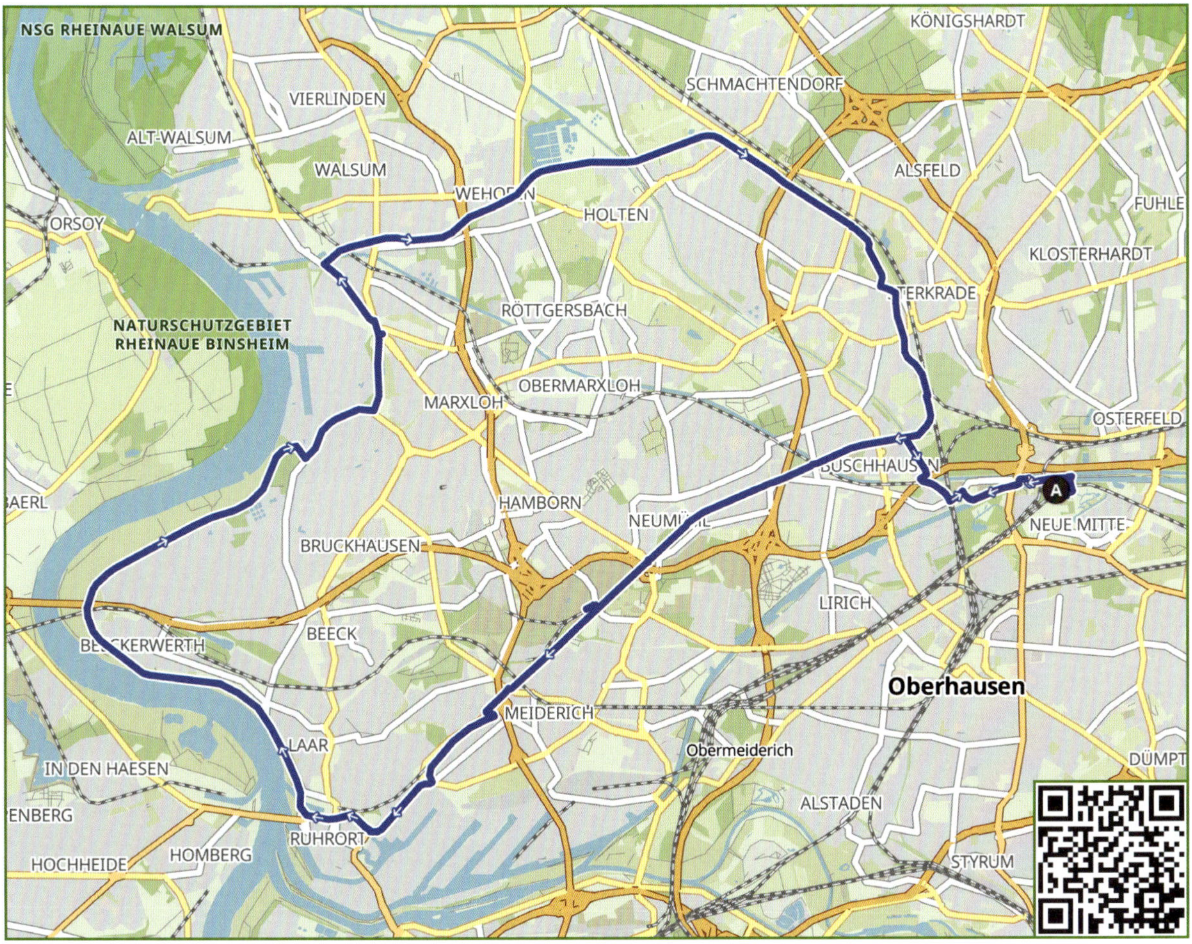

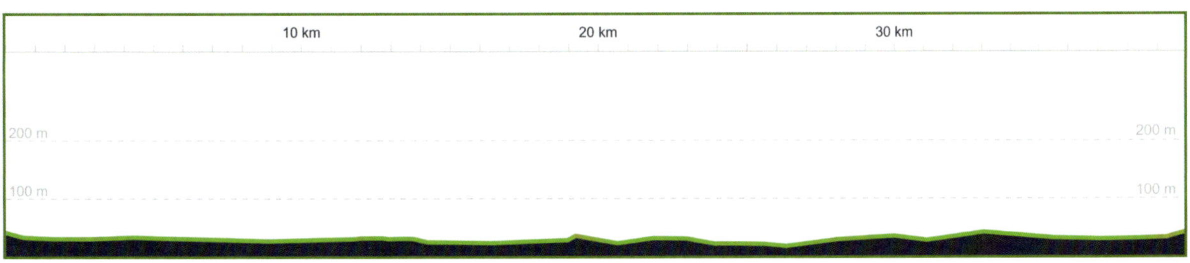

Rund um die schönste Zeche der Welt

Probierstück

Probierstück kompakt

Start und Ziel: Zeche Zollverein, Essen
Gesamtstrecke: 29 km
Fahrzeit: 2 Stunden
Höhenmeter: 110
Schwierigkeit: leicht

Anreise
Mit der Bahn fährt man bis zum Hauptbahnhof in Essen, von dort mit der Straßenbahn 107 bis Zollverein. www.bahn.de

Der Radweg
Auf dieser Rundtour folgt man dem Knotenpunktsystem in der Reihenfolge 59, 60, 49, 48, 46, 45, 44, 63, 90, 61, 60, 59 und plant am besten einen ganzen Tag ein, um das UNESCO-Weltkulturerbe Zollverein mit Ruhrmuseum sowie die Haldenkunst und das maritime Flair am Kanal ausreichend genießen zu können. Da die Strecke flach ist und zum großen Teil auf stillgelegten Bahntrassen und am Kanalufer autofrei verläuft, eignet sie sich auch für fahrradbegeisterte Familien. www.radrevier.ruhr

Einkehr
Café & Restaurant Die Kokerei, Essen: Unkompliziertes Ambiente mit bester Aussicht auf die Kokerei. Neben leckeren Suppen und Salaten finden sich auch Currywurst und Schnitzel auf der Speisekarte. www.die-kokerei.de
Casino Zollverein, Essen: Schick essen lässt es sich in dieser spannenden Location zwischen Wänden mit Patina, massiven Betonpfeilern und dem riesigen, polierten Kompressorkessel. www.casino-zollverein.de
Purino, Gelsenkirchen: An der Gelsenkirchener Marina Stölting gelegen, genießt man frisches italienisches Landbrot mit leckeren Dips, Pizzen und himmlische hausgemachte Pasta. www.purino.de

Buchtipp
Sehr gute Orientierung bietet das Buch „Radgenuss Ruhrgebiet: Auf Traumtouren durch das Revier", Klartext Verlag, ISBN 978-3-8375-2407-9.

Allgemeine Auskunft
Ruhr Tourismus GmbH (RTG)
Centroallee 261
46047 Oberhausen
Telefon-Hotline: 0 18 06 / 18 16 30
(€ 0,20 pro Anruf aus dem deutschen Festnetz; Mobilfunkpreise max. € 0,60 pro Anruf)

Am UNESCO-Welterbe Zeche Zollverein mit seinen Museen und Lokalen geht diese familienfreundliche Tour los.

Wer das Ruhrgebiet en miniature erfahren möchte, der ist mit dieser Tour, die an der UNESCO-Welterbestätte Zeche Zollverein startet und endet, über eine stillgelegte Bahntrasse und am lauschigen Kanalufer entlangführt, bestens beraten.

Wo noch bis 1986 Kohle gefördert wurde, strömen heute 1,5 Millionen Besucher aus nah und fern herbei, um in Essen die „schönste Zeche der Welt" zu besichtigen. Den natürlichen Mittelpunkt des weitläufigen **Zeche-Zollverein**-Geländes mit den zahlreichen Museen bildet der fotogene Doppelbock.

Liebevoll der „Eiffelturm des Ruhrgebietes" genannt, ist er auch Startpunkt dieser Radrunde, die über alte Bahntrassen, vorbei an Haldenkunst, über Brücken, entlang des Kanals und über den Nordsternpark führt. Das **Ruhr Museum**, dessen Eingang man über die höchste freistehende Rolltreppe Deutschlands erreicht, versteht sich als Schaufenster und Gedächtnis des Ruhrgebietes. In der interessant gestalteten Dauerausstellung in der ehemaligen Kohlenwäsche wird auf eine anschauliche Art und Weise

Brücke zum Nordsternpark (o.); die „Himmelstreppe“ auf der Halde Rheinelbe ist ein tolles Fotomotiv (u.).

Spannendes über Natur, Kultur und Geschichte des größten Ballungsraums in Europa präsentiert. Auch wer sich vor der Radtour nicht die Zeit für die Besichtigung des Museums nehmen möchte, sollte auf jeden Fall kurz das Rad anschließen und die Rolltreppe hinauffahren. Allein das Foyer des Museums mit seinem großen Kohleklotz und dem Modell des Zollverein-Geländes ist sehr aufschlussreich. Auch ein Rundgang auf dem Zollverein-Gelände ist empfehlenswert. Die Relikte des Industriezeitalters, die Folkwang Universität der Künste, das Theater PACT Zollverein, der Denkmalpfad und das Werksschwimmbad sind lohnende Fotomotive. Wer in Bergbauatmosphäre übernachten möchte, der kann das im tollen Designhotel auf dem Gelände hervorragend tun. So kann man am Abend noch im Casino Zollverein speisen, den Doppelbock abends mit Beleuchtung knipsen und am nächsten Morgen ausgeruht aufs Rad steigen. Die individuell gestalteten Themenzimmer des Hotels sind rund um die Themen Bergbau und Ruhrgebiet dekoriert. Portraitfotos von Kumpels im Großformat an den Wänden, Helme und die Ausrüstung der Grubenwehr bilden einen passenden Rahmen.

Ab auf die Zollverein-Fahrradtrasse

Jetzt aber ab aufs Rad! Nachdem wir Ehrenhof und Doppelbock den Rücken gekehrt haben, radeln wir am weißen Sanaa-Gebäude vorbei. Dieses architektonisch innovative Gebäude sorgte in der Fachwelt für Furore, geriet aber auch wegen hoher Betriebskosten in die Kritik. Schon rund zehn Jahre nach der Eröffnung galt das Gebäude als Sanierungsfall. Ein Unternehmen, das diese Arbeiten übernehmen kann und will, fand sich bisher nicht. Nach dem weißen Kubus geht es auf der anderen Straßenseite direkt auf die schmale Zollverein-Fahrradtrasse. Auf bestem Asphalt kommt man leicht voran und kann bald zur Rechten zum Schacht 3/7/10 mit dem **Phänomania Erfahrungsfeld** abbiegen. Wer sich keine Zeit für einen Rundgang durch die sinnenreiche Erlebnisausstellung nehmen möchte, kann auch im Außenbereich im Schatten des markanten Fördergerüsts an den interaktiven Gerätschaften seine fünf Sinne schulen.

Weiter geht die Radtour über die Kray-Wanner-Bahn. Überwucherte Gleise am Fahrbahnrand erinnern daran, dass man auf einer stillgelegten Bahntrasse dahinrollt. Nach einem Landschaftsschutzgebiet kommt bald die **Halde Rheinelbe**, die das beeindruckende Haldenkunstwerk „Die Himmelsleiter“ von Herman Prigann auf ihrer Kuppel trägt.

Kultiger Radlertreff Erzbahnbude

Wer sich für die Haldenerkundung entschieden hat und sich nach den rund 100 Höhenmetern durstig fühlt, der findet im weiteren Verlauf der Radtrasse mit der Erzbahnbude alles, was das Radlerherz an Erfrischung begehrt. An der Kreuzung zwischen Kray-Wanner-Bahn und Erzbahntrasse gelegen, treffen

Familien sollten sich das erlebnisreiche Phänomania Erfahrungsfeld nicht entgehen lassen.

sich hier Radfahrer aus allen Himmelsrichtungen und genießen neben leiblichen Genüssen auch oft Live-Musik.

Nach rechts bietet sich dann ein Abstecher an zur Erkundung der Zeche Pluto. Nächstes Etappenziel ist das Ufer des Rhein-Herne-Kanals. Die markant geschwungene Brücke **Grimberger Sichel** ist der Abschluss des Erlebnisradweges Erzbahntrasse. Das Architekturbüro Schlaich Bergermann gewann mit dieser asymmetrischen Stahlkonstruktion 2010 den European Steel Bridges Award.

In den Sommermonaten kann man sich hier an einer Bierbude erfrischen, genau wie in der schicken Stölting-Marina, die nach ein paar Pedaltritten auf dem Uferweg erreicht ist. Auf der kühn geschwungenen Brücke, die sich über die Hafeneinfahrt des ehemaligen Kohlenhafens Bismarck schwingt, gibt es schöne Sitzmöglichkeiten mit Ausblick über Wasser und Boote.

Nordsternpark, wir kommen!

Nach einer wohlverdienten Pause darf ein Abstecher zum **Nordsternpark** nicht fehlen. Zur Rechten fällt dort direkt die 18 Meter große Herkules-Skulptur des Künstlers Markus Lüpertz in den Blick. Familien mit Kindern werden vermutlich direkt am Wasserspielplatz hängenbleiben. Nach einer kurzen Erfrischungspause bietet die Aussichtsplattform des Förderturms ein aufschlussreiches 360-Grad-Panorama über den

Sehenswert

Zeche Zollverein
Als Architektur- und Industriedenkmal ist die Zeche Zollverein nach dem Kölner Dom die meistbesuchte Sehenswürdigkeit in Nordrhein-Westfalen. Wo bis ins Jahr 1986 ein aktives Steinkohlebergwerk stand, ist heute ein lebendiges kulturelles Zentrum zu finden. Auf dem 100 Hektar großen Gelände findet man u. a. das Red-Dot-Design-Museum.
www.zollverein.de

Phänomania Erfahrungsfeld
In dieser Erlebnisausstellung, die nach einer Idee von Hugo Kükelhaus entstand, sollen alle Sinne angesprochen werden. Besucher dürfen also an Schnupperstationen Gerüche erräteln, auf einem Findling schaukeln und den Kopf in einen Summstein stecken. Vom ehemaligen Förderturm aus hat man einen tollen Rundumblick.
www.erfahrungsfeld.de

Nordsternpark
Auf dem Gelände der ehemaligen Zeche Nordstern errichtet, zieht diese grüne Oase jährlich 450.000 Besucher an, sie ist so groß wie 130 Fußballfelder. Im frei zugängliche Landschaftspark findet sich Platz für (Wasser-)Spielplätze, eine Kletteranlage des Alpenvereins und ein Amphitheater, das direkt am Ufer des Rhein-Herne-Kanals gelegen ist.
www.gelsenkirchen.de

Kanal und das überraschend grüne Umfeld. Pflanzenfreunde werden ihre Freude an den üppigen Rosenbüschen haben, und Sportler an der Kletterwand des Deutschen Alpenvereins, Sektion Gelsenkirchen.

Den zentralen Bereich des Landschaftsparks, der nach Stilllegung der Zeche Nordstern angelegt wurde, bilden der Kohlebunker und die Kohlemischanlage. Besonders gelungen ist die Integration der ehemaligen Zechengebäude in den Landschaftspark, wodurch eine moderne Mischung von Industrieerbe und Naherholungsgebiet entstanden ist. Das moderne Wahrzeichen des Nordsternparks ist die auffällig rote Doppelbogenbrücke über den Rhein-Herne-Kanal.

Richard Serras Bramme

Mit der Schurenbachhalde liegt dann bald wieder eine ehemalige Industriehalde an unserem Weg. Wer den 50 Meter hohen Hügel erklommen hat, steht auf dem Plateau vor der wuchtigen **Bramme** des amerikanischen Künstlers Richard Serra. Neben dem schlichten wie imposanten Haldenkunstwerk fasziniert auch der Rundumblick über das zentrale Ruhrgebiet.

Der Endspurt steht an: Über die ehemalige Bahntrasse Nordstern streifen wir ein Kuriosum, das es weltweit wohl nur einmal gibt. Dem „Rennpferd des kleinen Mannes“, der im Ruhrgebiet heißgeliebten Brieftaube, wurde hier eine eigene Klinik errichtet.

Dann liegt das Areal der UNESCO-Welterbestätte Zollverein wieder vor uns. Hier kann man die Räder abstellen und über das weitläufige Gelände und den Denkmalpfad schlendern. Auf der Café-Terrasse kann man die müden Radfahrerbeine strecken und bei einer Currywurst die Erlebnisse des Tages Revue passieren lassen. So sieht Strukturwandel aus – wo früher die Arbeiter malochten und die Schornsteine qualmten, kann heute das Leben aufs Angenehmste genossen werden.

Die Brücke an der Stölting-Marina bietet in luftiger Höhe komfortable Sitzbänke mit Aussicht.

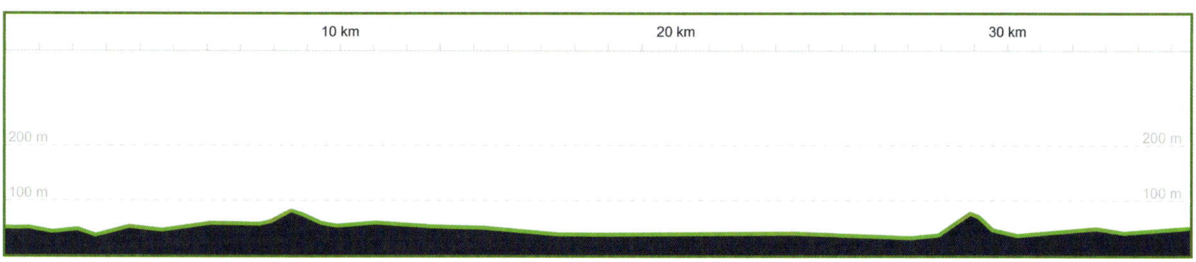

Denkmal, Flusstal, Pause

Die Route Industriekultur

Route Industriekultur kompakt

Start und Ziel: Mülheim an der Ruhr
Gesamtstrecke: 269,5 km
Fahrzeit: 5 Tagesetappen
Höhenmeter: 2002
Schwierigkeit: mittel

Anreise
Mit der Bahn fährt man bis zum Hauptbahnhof in Mülheim an der Ruhr. Dieser ist der Startpunkt der Rundtour. www.bahn.de

Der Radweg
27 Ankerpunkte, 17 Panoramen, 13 Bergarbeitersiedlungen und viele wunderbar radelbare, stillgelegte Bahntrassen – so lassen sich die knapp 300 Radkilometer auf der Route der Industriekultur zusammenfassen. Für gute Orientierung unterwegs sorgt das rot-weiße Logo mit Förderturm und das Knotenpunktsystem des Radreviers Ruhr. Eine Karte inkl. Knotenpunktinfo kann hier kostenfrei bestellt werden: www.route-industriekultur.ruhr/route-per-rad.

Einkehr
Landhaus Grum in Hattingen: Ob im Biergarten, im Strandkorb oder im gemütlichen Gastraum – hier genießt man Traditionelles aus dem Ruhrpott wie deftige Fleischgerichte, aber auch lecker Fisch oder Frisches von der Vegi-Karte. www.landhaus-grum.de
StrandDeck Kemnade: Am Wasser des Kemnader Stausees mit Beachgefühl, Cocktails, weißem Sandstrand und Leckerem aus der StrandDeck-Küche. www.stranddeck.de
Café Carrée in Oberhausen: Große Frühstückskarte, Waffeln, Pommes und Eintöpfe unweit des Hauses Ripshorst. www.cafe-carree.de

Buchtipp
Sehr gute Orientierung bietet das bikeline-Radtourenbuch „Route der Industriekultur per Rad: Entlang der Industriedenkmäler durchs Ruhrgebiet“, Verlag Esterbauer, ISBN 978-3-85000-753-5.

Allgemeine Auskunft
Ruhr Tourismus GmbH (RTG)
Centroallee 261
46047 Oberhausen
Telefon-Hotline: 0 18 06 / 18 16 20
(€ 0,20 pro Anruf aus
allen deutschen Netzen)
www.route-industriekultur.ruhr/route-per-rad

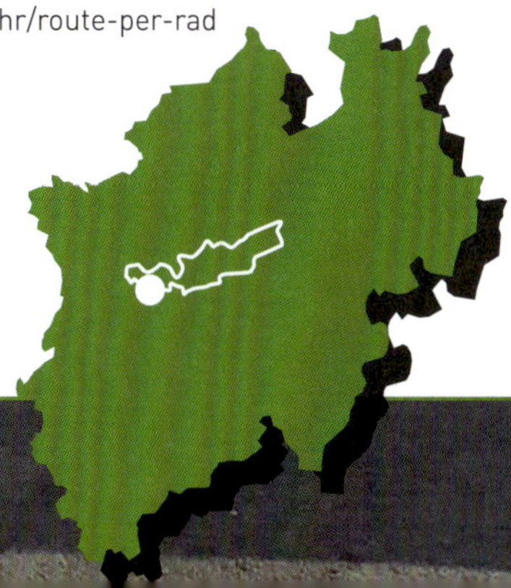

Hier geht es durch die spannende Geschichte des Ruhrgebiets mit seinen Industrierelikten und -kathedralen.

Diese Tour bietet die gelungene Verbindung von Radeln, Naturgenuss und Industriegeschichte, modernen Kulturangeboten und cooler Haldenkunst. Die Stahlwerke, Zechen und Arbeitersiedlungen am Wegesrand erzählen zahlreiche Geschichten.

Wer in Mülheim an der Ruhr startet und gegen den Uhrzeigersinn die Rundtour absolviert, der kann an Tag eins bequem Witten erreichen. Diese erste Etappe gleicht einem Tusch als Auftakt in Sachen Industriekultur, denn gleich vier großartige Ankerkpunkte, also wichtige Sehenswürdigkeiten der Route Industriekultur, werden auf dieser Genussradtour angefahren. Zunächst rollt man auf dem Radschnellweg 1 auf einer stillgelegten Eisenbahntrasse bis zur **Margarethenhöhe** in Essen. Diese hübsche Gartensiedlung liegt auf einer kleinen Anhöhe, die von den Einwohnern liebevoll „Maggihöhe“ genannt wird. Sie erinnert mit ihren kleinen, schmucken, verspielten Häuschen ein wenig an ein lebendiges Freilichtmuseum. Benannt nach der Stifterin Margarethe Krupp, wurde diese Gartenstadt zwischen 1909 und 1938 erbaut und galt bald in ganz Europa als Beispiel für modernes Wohnen.

Weiter geht es autofrei über die Grugatrasse und am Ufer der Ruhr entlang zum Eisenbahnmuseum in Bochum und zum **LWL-Museum Henrichshütte** in Hattingen. Ersteres ist eine Pilgerstätte für Bahnfans, zweiteres ein ehemaliges Hüttenwerk, das den ältesten Hochofen im Revier vorweisen kann. Einst malochten in diesem Werk 10.000 Arbeiter, heute lassen sich die imposanten Relikte der Hüttenzeit bei einem Rundgang bestaunen. Bevor Witten erreicht ist, bildet das **LWL-Museum Zeche Nachtigall** ebenfalls einen überzeugenden Grund, aus dem Sattel zu steigen und in die Industriegeschichte einzutauchen. Ein kleiner Bergbau-Rundwanderweg durch das nebenan gelegene, schattige Muttental lockert die Radfahrerbeine und gibt gute Einblicke in das Thema.

Industriegeschichte, hier in der Zeche Nachtigall (o.), trifft auf Fachwerkarchitektur in Unna (u.).

Von der Ruhr zur Emscher

Von Witten aus verlassen wir das lauschige Ruhrufer und fahren gen Dortmund, von wo aus wir an der Emscher entlangradeln. Nach Holzwickede ist Unna das nächste Highlight an der Strecke. Hier bietet sich eine Zwischenübernachtung an. Neben dem einzigartigen Museum für Internationale Lichtkunst sind auch die Lindenbrauerei und der gemütliche Marktplatz mit seinen Fachwerkfassaden und Restaurants samt Außengastronomie eine ausgedehnte Radpause wert.

Durch viel Grün und über eine herrlich befahrbare ehemalige Bahntrasse der alten Strecke Unna-Königsborn geht es auf der nächsten Tagesetappe weiter gen Osten Richtung Welver, dann gen Norden bis nach Hamm in Westfalen. Hier darf der Besuch des Maximilianparks mit dem riesigen gläsernen Elefanten und dem Staudengarten nicht fehlen. Die Kissinger Höhe ist ein weiterer Ankerpunkt der Route Industriekultur. Dort oben kann man den jüngsten Neuzugang in Sachen Haldenkunst nicht nur bestaunen, sondern auch begehen. Eine knallorange Schneckenskulptur birgt eine Treppe, die Besucher bis zum höchsten Punkt führt.

An der Lippe und am Datteln-Hamm-Kanal

Rund 40 Kilometer braucht die nächste Tagesetappe bis Waltrop. Gemütlich geht es zunächst entlang der Lippe und dann entlang des Datteln-Hamm-Kanals. Die Radbedingungen sind herrlich, denn die Ruhe der umliegenden Natur und das Glitzern der Wasserläufe sorgen für Entspannung. Glitzern wird vermutlich auch die Stirn beim Hinaufstrampeln auf die Halde Großes Holz in Bergkamen. Entstanden durch das Bergematerial der Zechen Monopol und Haus Aden, wurde die 140 Hektar große Halde mit der Zeit zu einem Naherholungsgebiet. Auf dem Gipfel-Plateau kommt das Kunstwerk von Maik und Dirk Löbbert besonders in den Abendstunden zur Geltung: Die 33 Meter hohe Lichtstele wurde aus einer Stahlsäule errichtet, die mit tausenden von LED-Lichtern besetzt ist. Auf dem Weg liegt mit der Ziethenstraße eine frühere Arbeitersiedlung, die aus 52 gleichförmig gestalteten Ziegelhäusern besteht. Hier konnten in jedem Haus zwei Familien der Bergarbeiter der Zeche Preußen für die damalige Zeit recht komfortabel wohnen.

Vom Schiffshebewerk zum Gasometer

Am **Schiffshebewerk** angekommen, kann man sich ein Tässchen Kaffee oder ein kühles Getränk in einem roten, englischen Doppeldeckerbus gönnen. An Biergarnituren im Schatten des schicken Busses kann man sich ausruhen, bevor man das Schiffshebewerk besichtigt, das wegen seiner Verspieltheit zu den beliebtesten Fotomotiven der Route Industriekultur zählt und einst vom Kaiser eingeweiht wurde.

Von Waltrop aus stehen auf der nächsten Etappe bis zum Gasometer in Oberhausen eine Menge Prominente in Sachen Industriekultur auf dem Tagesprogramm. Da wäre zunächst das Umspannwerk Recklinghausen. Hier sollten Technikfans vom Rad steigen und sich unter dem Motto „Strom erleben" in die spannende Geschichte der Elektrifizierung entführen lassen. Wer hier eine kleine Erfrischungspause benötigt, kann über eine kleine Brücke zum Stadthafen Recklinghausen gehen und in der Strandbar die Füße von sich strecken.

Aber allzu lange sollte die Pause nicht dauern. Zurück in den Sattel, denn der Landschaftspark Halde Hoheward will auch entdeckt werden. Von Weitem zu sehen ist bereits das 45 Meter hohe Horizontalobservatorium und der Obelisk der Horizontalsonnenuhr. Wer diese Halde von Osten aus erklimmt, muss die außergewöhnliche Drachenbrücke überqueren.

UNESCO-Welterbe voraus

Nach Überquerung der Emscher rollt man weiter gen Süden und hat bald die historische Bergarbeitersiedlung Flöz Dickebank erreicht. Über die stillgelegte Bahntrasse Kray-Wanner-Bahn und den Zollvereinweg erreichen wir das UNESCO-Welterbe **Zeche Zollverein** mit dem Ruhrmuseum. Auf dem weitläufigen Gelände lohnt ein Spaziergang auf dem Denkmalpfad oder ein Besuch des Red-Dot-Design-Museums. Den nächsten Höhepunkt bildet im wahrsten Sinne des Wortes die Schurenbachhalde, deren Plateau von Richard Serras Bramme gekrönt wird. Kurz nach dem Haus Ripshorst und dem angrenzenden Gehölzgarten ist dann mit dem **Gasometer Oberhausen** das Tagesziel erreicht. Dieses grenzt an das CentrO, eines der größten Einkaufszentren Deutschlands. Der große Food-Court und auch die Flaniermeilen im Außenbereich verhelfen müden Radfahrern wieder zu neuen Kräften.

Duisburg, Stadt voller Gegensätze

Auf der letzten Etappe geht es von Oberhausen über den Rhein zur Halde Rheinpreußen in Moers. Auf dem Gipfel dieser Halde findet sich der überdimensionale Nachbau einer Grubenleuchte. Man kann auf sie hinaufklettern und von oben den Rundumblick über den Rhein und das westliche Ruhrgebiet genießen. Dann gilt es, nach Duisburg zu rollen, das gleich mit drei Ankerpunkten der Route Industriekultur aufwartet. Der Innenhafen ist ein Paradies für Erholungssuchende. Schöne Restaurantterrassen am Wasser und das renommierte Museum Küppersmühle sorgen für Entspannung. Der **Landschaftspark Duisburg-Nord** entfaltet abends seine ganz besondere Faszination, wenn die alten Industriebauwerke kunterbunt illuminiert werden. Aber auch tagsüber lohnt es sich, über das Gelände zu radeln. An jeder Ecke finden sich

Sehenswert

Schiffshebewerk Henrichenburg
Kaiser Wilhelm II. eröffnete das Hebewerk im Jahr 1899. Der stählerne Schiffsaufzug überwand eine 14 Meter hohe Kanalstufe. So war der Dortmund-Ems-Kanal bis zum Dortmunder Hafen befahrbar. Einst ein technisches Wunderwerk, ist das historische Schiffshebewerk heute als LWL-Museum ein beliebtes Ausflugsziel. Kinder lieben den Wasserspielplatz.
www.schiffshebewerk-henrichenburg.lwl.org

Gasometer Oberhausen
Der Oberhausener Gasometer ist nicht nur ein Industriedenkmal, sondern auch die höchste Ausstellungshalle Europas. Als Ankerpunkt der Industriekultur bietet er von seiner Aussichtsterrasse ein tolles Ruhrpott-Panorama. Der riesige Ausstellungsraum und hervorragend gestaltete Ausstellungen sind Besuchermagneten.
www.gasometer.de

Rheinpark in Duisburg
Hier am Rhein macht das Skaten, Klettern, Basketball-Spielen und Spazieren gleich doppelt viel Spaß. Auch die Andenken an die industrielle Vergangenheit sorgen im 2020 eröffneten Park für besonderen Charme. Die Kletterwände und der Skatepark sind mit Graffiti versehen, und von der Spitze der Kletterspinne bietet sich ein guter Blick über die gelungene Mischung als alter Industriekultur und neuer Parkarchitektur.
www.duisburg.de/wohnenleben/wasser/rheinpark

neue Ein- und Ausblicke und Fotomotive en masse. Da Duisburg über den größten Binnenhafen der Welt verfügt, war es nur natürlich, hier das Museum der Deutschen Binnenschifffahrt zu errichten. Während wir aus Duisburg an der Ruhr entlang zurück zum Ausgangspunkt Mülheim fahren, wird es wieder ruhiger und grüner. Kurz bevor Mülheim erreicht ist, lädt das **Aquarius Wassermuseum**, das in einem ehemaligen Wasserturm untergebracht ist, zur Besichtigung ein. Ein kleiner Biergarten am Fuße des Wasserturms oder ein paar Pedalumdrehungen weiter im ehemaligen Ringlokschuppen auf dem Gelände der MüGa (Mülheims Garten an der Ruhr) laden dazu ein, sich ein Eis und ein wenig Ruhe zu gönnen, um die Rundfahrt Revue passieren zu lassen.

Auf der Halde Rheinpreußen steht „Das Geleucht", von oben bieten sich tolle Fernblicke.

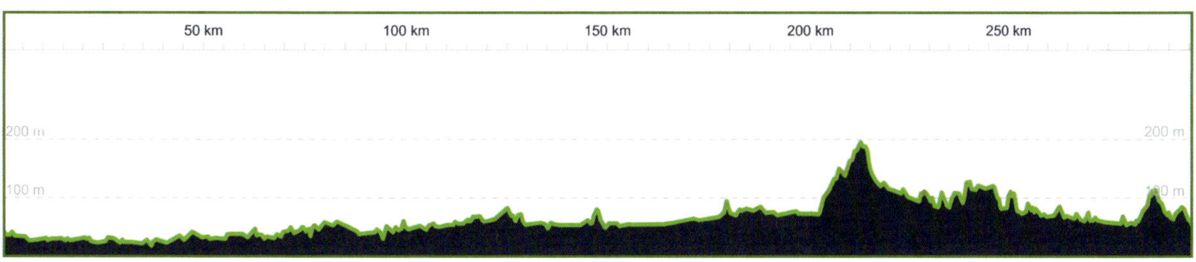

Auf Spuren der Friedensreiter

Die Friedensroute

Friedensroute kompakt

Start und Ziel: Münster
Gesamtstrecke: 163 km
Fahrzeit: 4 Tagesetappen
Höhenmeter: 1507
Schwierigkeit: mittel

Anreise
Mit der Bahn fährt man bis Münster Hauptbahnhof, von dort aus ist der Startpunkt schnell erreicht. www.bahn.de

Der Radweg
Die Friedensroute ist sehr gut ausgeschildert. Man folgt dem grünen Reiter auf weißem Grund durch das reizvolle, weitestgehend flache Münsterland und die durchaus hügeligen Ausläufer des Teutoburger Waldes. An Kreuzungen trifft man auf Radschilder mit Orts- und Kilometerangaben. Diese sind in Nordrhein-Westfalen rot-weiß, in Niedersachsen grün-weiß.
Bei der Münsterland Touristik und den Touristeninformationen am Weg gibt es kostenfreie Prospekte und eine Karte.
Weitere Informationen unter: www.friedensroute.de

Einkehr
Pleister Mühle: Zwischen Münster und Telgte gelegen, ist die historische Mühle heute ein beliebtes Ausflugslokal. Hübscher Biergarten und vis-à-vis ein Maislabyrinth. www.pleistermuehle.de
Alter Gasthof Seiling in Telgte: Direkt am hübschen Marktplatz von Telgte gelegen, bietet der Alte Gasthof Seiling Deftiges wie gebeizten Lachs an Reibeplätzchen oder Schweinefilet mit Pfeffersauce. https://alter-gasthof-seiling.de
Kleiner Kiepenkerl in Münster: Urig und echt westfälisch speist man im Kiepenkerl mitten in Münster. Seit mehr als 300 Jahren kommt hier Regionales und Saisonales auf den Tisch. https://kleiner-kiepenkerl.de

Buchtipp
Sehr gute Orientierung bietet das bikeline-Radtourenbuch „Friedensroute: Auf den Spuren des Westfälischen Friedens", Verlag Esterbauer, ISBN 978-3-7111-0003-0.

Allgemeine Auskunft
Münsterland e. V.
Airportallee 1
48268 Greven
Telefon: 0 25 71 / 94 93 92
www.muensterland.com/tourismus

Das historische Rathaus ist Ausgangspunkt dieser wunderbaren Tour durch das Radparadies Münsterland.

Auf diesem 163 Kilometer langen Rundkurs von Münster über Osnabrück und zurück begibt man sich auf die Fährte der sogenannten Friedensreiter, die als Kuriere zwischen den beiden Rathäusern hin- und herritten. 1648 gelang es so, den Westfälischen Frieden auszuhandeln.

Friedlich geht es zu im Münsterland – Radfahrer sind hier schließlich die eingeborene Spezies und prägen das Stadtbild von Münster unübersehbar. Frieden ist auch das zentrale Thema der Friedensroute, die Radler, die Lust auf viel Grün, nette Örtchen unterwegs und ein wenig Geschichte haben, im Rundkurs von Münster nach Osnabrück und zurück führt. Auf historischen Reiterpfaden ist eine moderne, bestens ausgeschilderte Radwanderstrecke entstanden.

Dass man auf dieser Tour im wahrsten Sinne des Wortes ausgezeichnet radeln kann, bestätigt die Wahl zur „Radroute des Jahres 2008" in Nordrhein-Westfalen und die Auszeichnung als ADFC-Qualitätsroute im Jahr 2023. Dass man nur wenig mit Autoverkehr in Berührung kommt, verstärkt das Radvergnügen für Pedalritter noch zusätzlich.

„Als Gott das Münsterland erfunden hat, hat er dabei an die Radfahrer gedacht", ist ein beliebter Spruch unter Radtouristikern. Und es stimmt: flache Landschaften mit abwechslungsreicher Vegetation, gepflegte Gärten und Autofahrer, die Zweiradfahrern Respekt zollen.

Die schmalen Gassen von Tecklenburg (l.) und die gepflegten Bauernhöfe verzaubern zwischen Münster und Osnabrück.

Man kann die Friedensroute wunderbar in vier Tagen beradeln. Entscheidet man sich für die Westroute, dann führt die erste Etappe von Münster nach Tecklenburg, die zweite Etappe weiter bis nach Osnabrück, die dritte bis nach Ostbevern, von wo aus es auf der vierten Etappe zurück zum Ausgangsort Münster geht. Wer es sportlicher möchte oder nur drei Tage Zeit hat, der kann die beiden letzten Etappen auch zusammenlegen.

Start in Münster

Die Friedensroute beginnt in der Friedensstadt Münster. Auch wenn das **historische Rathaus von Münster** mit dem berühmten Friedenssaal nicht der offizielle Startpunkt ist, dieser Sehenswürdigkeit sollte man auf jeden Fall einen Besuch abstatten. Am hübschen Prinzipalmarkt, den nicht nur Fans der „Tatort"-Krimis aus dem Fernsehen kennen, sondern auch alle, die regelmäßig die „Wilsberg"-Filme anschauen, zeigt sich Münster hier von der malerischsten Seite. Die gepflegten Hausfassaden mit ihren typischen Bogengängen bilden das historische Zentrum der Studentenstadt. Hier flaniert man auch bei Regen trockenen Fußes. Ein anderes Sprichwort über Münster behauptet nämlich, dass hier entweder die Glocken läuten oder es regnet. Nur wenige Pedaltritte entfernt liegen der gemütliche Markt, die **Lamberti-Kirche**, der imposante Erbdrostenhof und der einzigartige Dom. Zahlreiche Cafés und Restaurants laden dazu ein, sich vor Beginn der Radtour noch einmal zu stärken.

Nach einer kurzen Runde durch das radfreundliche Zentrum von Münster begeben wir uns auf der Friedensroute hinaus aus der Stadt, bald radelt man durch die ruhige Münsterländer Parklandschaft. Auf dem Weg Richtung Greven passiert man schließlich das Naturschutzgebiet Rieselfelder. Hier lohnt es sich, aus dem Sattel zu steigen und über den Schilf-Lehrpfad zu schlendern. Auf diesem verschlungenen Rundweg geht es durch einen Tunnel aus Schilf zu einem sehenswerten Aussichtspunkt. Das beliebte Ausflugsziel der Münsteraner bietet rund 130 Vogelarten einen Ruheort. Wer aufmerksam ist, kann u. a. Bartmeisen, Grünschenkel, Silbermöwen oder Kiebitzregenpfeifer beobachten. Auch Heckrinder sind hier zu beobachten, bevor die Radtour uns weiter bis nach Gimbte führt. Durch die lauschigen Emsauen geht es dann an der Ems nach Greven. Eine lohnenswerte Sehenswürdigkeit ist der **Sachsenhof** in Greven-Pentrup. Hier wurde eine 1200 Jahre alte frühmittelalterliche Hofanlage rekonstruiert.

Genussradeln nach Tecklenburg

Nächstes Etappenziel auf unserem Radfernweg ist das Örtchen Ladbergen mit der geschichtsträchtigen Alten Post. Dieses Gasthaus war Austragungsort für diskrete Vorverhandlungen für den Westfälischen Frieden auf halbem Wege zwischen den Hauptorten Münster und Osnabrück. Hier konnte man auf neutralem Grund schwierige Fragen diskutieren. Als historische Poststation bot der Gasthof zudem auch Stallungen für zwölf Pferde.

Genussvolles Radeln ist nun auch in den Ausläufern des Teutoburger Waldes angesagt. Die Landschaft ist hügelig und lieblich, und die Weitblicke von den Höhen entschädigen für so manche Steigung.

Bevor mit Tecklenburg das erste Etappenziel erreicht ist, hat man mit Haus Marck noch eine Mög-

In Telgte sind Wallfahrtskapelle und Marktplatz schöne Hingucker am Wegesrand.

lichkeit, eine weitere wichtige Stätte der Verhandlungen für den Westfälischen Frieden zu erkunden. In diesem **Wasserschloss** fanden ebenfalls Vorverhandlungen statt. Tecklenburg mit seinem fotogenen Marktplatz samt Fachwerkhäusern eignet sich hervorragend für eine gemütliche Zwischenübernachtung. Diese Kleinstadt im Kreis Steinfurt versprüht Fachwerkcharme. Die Burg Tecklenburg wird heute als Bühne für Freilichtspiele genutzt. Und am Südhang des Burgberges findet man eine kleine Kuriosität, denn hier wächst in alter Tradition Wein – kurzzeitig galten diese Weinreben sogar als nördlichster Weinberg Deutschlands!

Rathaus voraus

Weiter geht es an Tag zwei über die Stadt Lengerich, in der 1645 das Lengericher Conclusum beschlossen wurde. Nach der Besichtigung des Römers, eines historischen Torhauses, radelt man nur kurz weiter bis zum kleinen Örtchen Leeden.

Bald ist mit Osnabrück der zweite wichtige Schauplatz des Westfälischen Friedens zu besichtigen. Am besten radelt man direkt zum **Rathaus** und nimmt sich ein wenig Zeit, um dieses Gebäude zu erkunden. Ein tolles Fotomotiv ist die Türklinke des Rathauses. Sie trägt eine Inschrift, und auf ihr sitzt eine Friedenstaube. Ein Bummel durch die Geschäfte, eine Einkehr in die Cafés, Restaurants und Kneipen bietet sich auch in dieser Friedensstadt an. Neben dem Zoo, dem Felix-Nussbaum-Haus und dem Dom St. Petrus gehört das Schloss zu den Must-sees der Stadt.

Kneippkur für müde Radlerbeine

An Tag drei rollt man in südliche Richtung und nimmt Kurs auf Hagen am Teutoburger Wald. Wer Zeit hat, kann einen Abstecher zum Silberseestollen unternehmen und das unterirdische Gewölbe besichtigen. Ungefähr auf der Hälfte dieser Tagesetappe liegt Bad Iburg. Dieser Kneipp-Kurort ist perfekt als Pausenstation für Radfahrer! Entweder bummelt man durch den Kneipp-Erlebnis-Park am Charlottensee oder streckt die müden Radlerbeine bei einem Bummel

Sehenswert

LWL-Museum für Kunst und Kultur
Das Münsteraner LWL-Museum für Kunst und Kultur ist ein Museum der Extraklasse. Im sehenswerten, von Architekt Volker Staab geplanten Gebäude am Domplatz werden Kunstwerke aus der Gegenwart, aber auch aus dem frühen Mittelalter gezeigt. Daneben gibt es u. a. eine bedeutende graphische Sammlung und Münzsammlung.
www.lwl-museum-kunst-kultur.de

Galerie Hunold
In dieser kleinen, aber feinen Galerie in Greven kann man Kunst der Gegenwart von bekannten Künstlern wie Christo, James Rizzi, Armin Mueller-Stahl, Janosch, Volker Kühn, Elvira Bach, aber auch von Udo Lindenberg oder Otto Waalkes bestaunen und erwerben – je nach aktueller Ausstellung.
www.galerie-hunold.de

Friedenssaal im historischen Rathaus Osnabrück
Einer der beiden Schauplätze des Westfälischen Friedens war der Friedenssaal des historischen Rathauses in Osnabrück. Durch die Verhandlungen wurde der Dreißigjährige Krieg und auch der Achtzigjährige Unabhängigkeitskrieg der Niederlande beendet.
www.friedensroute.de/erleben/friedenssaal-im-rathaus

zum Schloss. Auch der nächste Ort, der auf unserer Radrunde liegt, trägt ein „Bad" im Namen: Bad Laer lädt ebenfalls zum Erholen ein. Am Barfuß-Pfad heißt es: Raus aus den Radschuhen, und den Fußsohlen eine wohltuende Massage gönnen. Wer noch mehr für seine Gesundheit tun möchte, sollte im verwinkelten Gradierpavillon Meeresluft schnappen, bevor er sich wieder in den Sattel schwingt und durch die flache Münsterländer Parklandschaft weiterfährt.

Auf der Friedensroute geht es jetzt vorbei am Ufer des Großen Heidesees, durch Glandorf und Schwege, bevor wir in Ostbevern einradeln. Bei warmen Temperaturen bietet es sich an, am Rathaus das Rad am Wassertretbecken abzustellen und sich eine Runde Abkühlung im Kneippbecken zu gönnen.

Auf der vierten Tagesetappe führt die Friedensroute in das niedliche Örtchen Telgte. Es scheint, dass alle kleinen Gässchen hier zum schmucken **Marktplatz** mit seinen kleinen Geschäften, Restaurants und Cafés führen. Wer vom Rad absteigt und durch dieses romantische Städtchen bummelt, entdeckt immer wieder interessante Skulpturen. Zu Berühmtheit gelangte Telgte durch Günter Grass' Erzählung „Das Treffen in Telgte". In diesem Text beschreibt Grass ein Treffen von berühmten Dichtern ein Jahr vor Erklärung des Westfälischen Friedens. Durch Felder, Wiesen und Weiden geht es nun gen Westen, weitgehend frei von Autoverkehr, und schließlich wieder zurück nach Münster, wo dieser wunderbar radelbare Rundkurs endet.

An der Pleister Mühle kann man lecker essen oder ins Kanu umsteigen.

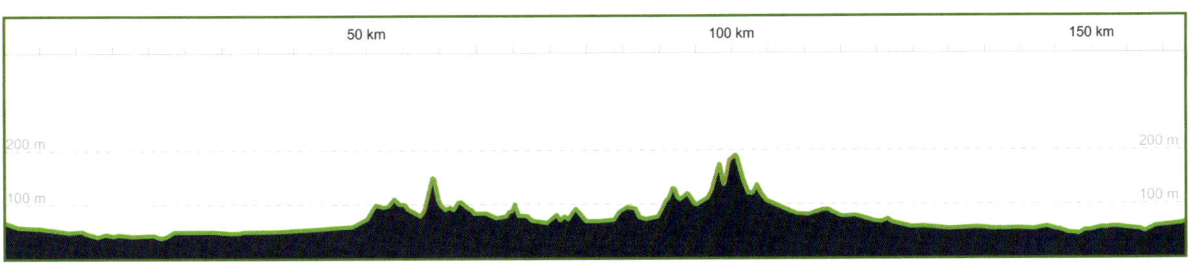

Einhundert Schönheiten auf zwei Rädern

Die 100-Schlösser-Route

100-Schlösser-Route kompakt

Start und Ziel: Nord-, Süd-, und Ostkurs: Münster, beim Westkurs: Haltern am See
Gesamtstrecke: 960 km, unterteilbar in kürzere Abschnitte: Nord-, Süd-, West- und Ostkurs
Fahrzeit: pro Rundkurs 4–6 Tagesetappen
Höhenmeter: 1100
Schwierigkeit: leicht

Anreise
Mit der Bahn fährt man direkt bis zum Hauptbahnhof Münster oder Haltern am See, von dort wenige Radminuten bis zum Startpunkt. www.bahn.de

Der Radweg
Man folgt dem grünen Burgsymbol auf den vier nach den Himmelsrichtungen benannten Rundkursen, die zwischen 210 und 310 Kilometer lang sind, über meist ebene Wege abseits des Straßenverkehrs. Für den Nord-, Süd-, West- und Ostkurs plant man jeweils zwischen vier und sechs Tage ein. Auch kürzere Tagestouren sind möglich.
Beim Münsterland e. V. kann man den Katalog 100-Schlösser-Route kostenfrei bestellen: www.muensterland.com

Einkehr
Großer Kiepenkerl in Münster: Respekt vor dem Produkt, Bodenständigkeit und Freude an Küchentraditionen – so lautet das Motto dieses Restaurants mit toller Terrasse. https://grosser-kiepenkerl.de
Zois Taverna in Nordkirchen: Eine griechische Taverne, die Fisch, Fleisch und Salate hervorragend zubereitet – zentral in Nordkirchen. https://zois-taverna.business.site
Café Reitstall in der Burg Vischering: Sonntags genießt man in den Pferdeboxen das opulente Frühstücksbüfett, unter der Woche das Edelfräulein-Frühstück, nachmittags hausgemachte Torten. www.cafe-terjung.de/café-reitstall

Buchtipp
„100 Schlösser Route: Herrschaftlich Radeln im Münsterland", bikeline-Radtourenbuch, ISBN 978-3-7111-0099-3

Allgemeine Auskunft
Münsterland e. V.
Airportallee 1
48268 Greven
Telefon: 0 25 71 / 94 93 92
www.muensterland.com/tourismus

Die Wasserburg Vischering im Lüdinghausen beheimatet
ein Museum, ein tolles Café und die „Ritter Felix"-Bäckerei.

Rein rechnerisch trifft man auf dieser Tour alle neun Kilometer auf ein imposantes historisches Gebäude. Flache Landschaft, herrliche Radwege und zahlreiche Einkehrmöglichkeiten machen das Münsterland zu einer paradiesischen Raddestination.

Kein Wunder, dass man jede Menge andere Pedaleure trifft, zwischen Münster, Nordkirchen und Tecklenburg. Die Formel ist dabei ganz einfach: Man nehme wunderbar flache Landschaften, gemütliche Orte, gepflegten Gärten, bestücke sie mit unzähligen Wasserburgen und Wasserschlössern und kröne das Ganze mit jeder Menge Picknickplätzen.

Der Südkurs – ein duftes Erlebnis!

Richtig dufte ist die dritte Etappe des Südkurses! Wenn man durch das imposante Burgtor in den entzückenden Innenhof der Burg Vischering radelt, zieht einem der unwiderstehliche Duft von frisch gebackenem Brot in die Nase. „Ritter Felix" bietet durch eine Verkaufsluke des urigen Backhauses hier Brotspezialitäten der Extraklasse an – zusammen mit seinem Vater Jörg Trejung, dem ersten Brotsommelier des Münsterlandes.

Und gelüstet es Radler oder Wanderer eher nach Kaffee und Kuchen, dann bietet sich im Café Reitstall nebenan eine schöne Möglichkeit, verbrauchte Kalorien wieder aufzutanken. Auch im Angebot: Frühstücksbuffets. Unter der Woche geht es mit dem Frühstück „Das Edelfräulein" schon recht feudal zu.

Jörg Terjung backt Köstliches (l.o.);
Schloss Nordkirchen – das westfälische Versailles (l.u.).

Richtig köstlich wird es dann am Wochenende, denn dann wird morgens das „Fürstliche Frühstücksbuffet“ aufgetischt. Man sitzt gemütlich in den ehemaligen Boxen des Pferdestalls und knuspert sich durch alle Brotköstlichkeiten aus Terjungs Backstube. Im Anschluss an das Schmausen bietet sich natürlich ein Rundgang über das Burggelände und durch das angeschlossene Museum an. Dann ist der Tag, genau wie die entzückende kleine Burg, „eine wirklich runde Sache“. Übrigens: Wer mehr über Brot lernen möchte, der kann auch an einem Brot-Tasting teilnehmen (www.cafe-terjung.de).

Das nahe liegende Schloss Nordkirchen ist imposant und wird liebevoll das Versailles des Münsterlandes genannt – es lässt sich per Fahrrad sowohl umrunden als auch von ganz nah betrachten. Ein idealer Picknickplatz befindet sich gegenüber dem symmetrischen Portal, am Ufer und unterhalb der ungeheuer schönen Ungeheuer-Skulpturen.

Aber zurück auf Anfang: Auch die weiteren Tagesetappen auf dem insgesamt 210 Kilometer langen Südkurs sind wunderbar! Los geht es von Münster mit dem atemberaubend schönen **Erbdrostenhof** bis nach Ascheberg an Tag eins (54 km). Burg Davensberg ist eines der malerischen Gebäude unterwegs. Am zweiten Tag geht es von Ascheberg weiter bis nach Werne, Schloss Westerwinkel ist das Tageshighlight (ca. 36 km). Tag drei führt von Werne nach Lüdinghausen (ca. 38 km), unterwegs sind die eingangs erwähnten Schönheiten **Burg Vischering** und **Schloss Nordkirchen** zu entdecken. Von Lüdinghausen geht es an Tag vier nach Billerbeck mit Schloss Senden auf der Route. Auf der letzten Tagestour (ca. 37 km), die von Billerbeck zurück nach Münster führt, lässt sich in der Burg Hülshoff mehr über die (Familien-) Geschichte der Dichterin Annette von Droste-Hülshoff erfahren, die hier im Jahre 1798 das Licht der Welt erblickte.

Hinter der imposanten Fassade des Schlosses Senden verbergen sich reich dekorierte Räume.

Nordkurs: Zum Balkon des Münsterlandes

Der Nordkurs führt über rund 300 Kilometer durch die flache, parkähnliche Landschaft und bei Rheine durch das Tal der Ems zum „Balkon des Münsterlandes“. Startet man in Münster und radelt im Uhrzeigersinn, dann geht es zunächst durch Havixbeck mit dem Droste-Museum und vorbei am mächtigen Ludgerusdom in Billerbeck nach Steinfurt. Die Kreisstadt bezaubert mit ihrer Trilogie aus Park, Wasserschloss und Altstadt und eignet sich gut als erster Übernachtungsort (ab Münster rund 68 km). Weiter radelt es sich entspannt zum Haus Welbergen mit seinem spiegelblanken Wassergraben, durch das herrliche Grün des Gildehauser Venns zur mittelalterlichen Höhenburg Burg Bentheim, die nach 46 Kilometern erreicht ist. Das Wahrzeichen der Stadt lässt sich beinahe komplett besichtigen, im Rahmen einer Burgführung erfährt man so manches Geheimnis, das die dicken Burgmauern verstecken. Die nächste Tagesetappe führt dann von Bad Bentheim nach Ibbenbüren (63 km), von dort geht es über Tecklenburg nach Lienen (58 km). Auch Tecklenburg verfügt über einen malerischen Stadtkern und bietet als Luft- und Kneippkurort großen Erholungswert! Die hügelige Landschaft sorgt ebenfalls dafür, dass unsere Lungen gut durchgepustet werden. Bald rollen wir nach Bad Iburg mit seinem wunderbaren **Schloss Iburg**. Hoch oben thront es auf dem Schlossberg. Das Schlossmuseum mit Münzkabinett lädt dazu ein, tiefer in die Geschichte der Stadt einzutauchen. Auf der letzten

Auf der Terrasse des Schlosses Raesfeld können Radler herrlich rasten und verbrauchte Energie wieder aufladen.

Etappe geht es über 72 Kilometer von Lienen zurück zum Ausgangsort Münster. Die Doppelschlossanlage Schloss Harkotten und Schloss Loburg sind an diesem Tag zwei der sehenswerten Schlösser. Im Schlossgarten von Schloss Loburg lohnt ein kleiner Spaziergang vorbei an Rhododendren und Douglasien.

Westkurs: Landschaftliche Vielfalt

Auf dem rund 300 Kilometer langen Westkurs ist es die landschaftliche Vielfalt, die begeistert. Die Seen rund um Haltern am See, der herrlich waldige Naturpark Hohe Mark und das Zwillenbrocker Venn nahe der Grenze zu den Niederlanden sorgen für schier unendliche Grünschattierungen. Los geht es auf der ersten Tagesetappe (ca. 35 km) in Haltern am See, wo ein Sprung in den blauen Badesee oder der Besuch im **LWL-Römermuseum** den Auftakt der Reise bilden kann. Vorbei am Schloss Lembeck geht es bis nach Raesfeld mit seinem herrlichen Wasserschloss. Weiter führt die nächste Tagestour von Raesfeld bis nach Isselburg (ca. 36 km). Nach ein paar Pedalumdrehungen rollt man in Bocholt ein, und hier lohnt es, das Rad vor dem Textilmuseum anzuschließen und sich Zeit für einen Rundgang zu nehmen. Das nächste Highlight der Tour ist unbestritten die **Wasserburg Anholt**, eines der größten Wasserschlösser des Münsterlandes. An Tag drei radelt man von Isselburg bis nach Borken. Die insgesamt 51 Kilometer lange Tour führt an der niederländischen Grenze entlang. Manchmal reicht schon der Wechsel der Straßenseite, um unseren holländischen Nachbarn eine Stippvisite abzustatten. Die Must-sees des Tages sind das Schloss Rhede und die Burg Gemen. Weiter geht es von Borken nach Ahaus (ca. 58 km). Wer mag, kann einen Abstecher zum beliebten Markt ins holländischen Winterswijk machen. In Ahaus liegt dann das sehenswerte Schloss zentral im Zentrum. Durch Felder und Wiesen, vorbei an den Burgmannshöfen Nienborg, ist am nächsten Tag nach rund 54 herrlichen Radkilometern Coesfeld erradelt. Hier kann man das Haus Loburg besuchen, bevor es am letzten Tag (ca. 66 km bis zum Ausgangsort Haltern am See) hinter Schloss Buldern zunächst nach Dülmen geht.

Rund 400 Wildpferde grasen im Naturschutzgebiet „Merfelder Bruch" friedlich vor sich hin.

Hier lässt sich mit einer kleinen Prise Glück ein Blick auf die rund 400 Wildpferde werfen, die hier leben.

Durch das Pferdeland auf Ostkurs

„Hüja!", kann man beim Aufsatteln auf seinen Drahtesel im Scherz rufen, wenn man den Ostkurs der 100-Schlösser-Route unter die Reifen nimmt. Denn die rund 243 Kilometer führen durch flaches Pferdeland! Die edlen Rösser stehen hier im Mittelpunkt des Geschehens. Wie wäre es mit dem Besuch des Landgestüts Nordrhein-Westfalen im Reiterdorf Warendorf? Wer das Glück der Erde lieber bei einem Picknick im Schatten eines Schlosses oder einer Burg sucht, der hat die Qual der Wahl. Da wäre die phantastische Doppelschlossanlage Harkotten, das **Schloss Rheda** mit seiner Doppelkapelle aus der Stauferzeit, das ebenfalls sehenswerte Haus Siekmann, das Rittergut Haus Heerfeld und das im Stil der Lippe-Renaissance errichtete Schloss Hovestadt sowie das Schloss Loburg in Ostbevern mit seinen zahlreichen Rhododendren im Park. Als Etappen bieten sich Münster –Warendorf (ca. 79 km), Warendorf – Wadersloh (ca. 48 km), Wadersloh – Ahlen (ca. 64 km) und schließlich Ahlen – Münster (ca. 52 km) an.

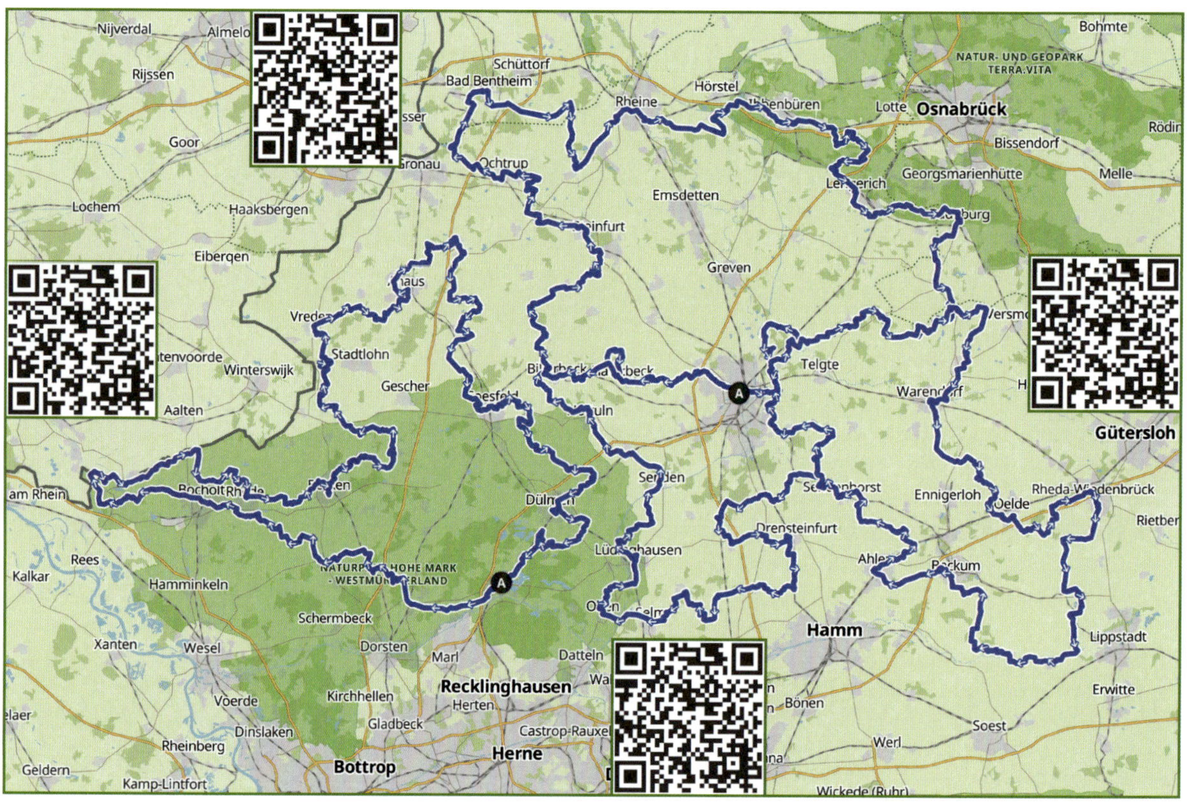

Sehenswert

LWL-Museum für Naturkunde
Die interaktiv aufbereitete Sammlung umfasst u.a. rund 26.000 präparierte Vögel, 13.000 Säugetiere und 1.500 Reptilien. In der Dauerausstellung „Die Urzeit lebt!" präsentiert das Museum auf 850 Quadratmetern alles, was Dino-Fans begehren: Man kann zum Beispiel ein Dinosaurier-Ei anfassen und einem furchterregenden Tyrannosaurus rex direkt in die Augen schauen.
www.lwl-naturkundemuseum-muenster.de

Wasserschloss Nordkirchen
Das barocke Wasserschloss kann im Rahmen einer rund 45-minütigen Führung besichtigt werden. Los geht es im Schlosshof vor der Schlosskapelle. Auch der Garten beeindruckt durch seine harmonische Gestaltung.
www.schloss.nordkirchen.net

Burg Vischering
Die Burg Vischering zeigt das Ideal einer münsterländischen Wasserburg. Wer mehr über die Geschichte der stattlichen Burg lernen möchte, der kann in der Dauerausstellung erfahren, wie ihre Bewohner von den Anfängen des 13. bis zum Beginn des 20. Jahrhunderts wohnten und lebten und wie die Familie Droste zu Vischering vom einfachen Rittergeschlecht zu einer einflussreichen Familie Münsterlandes wurde.
https://burg-vischering.de

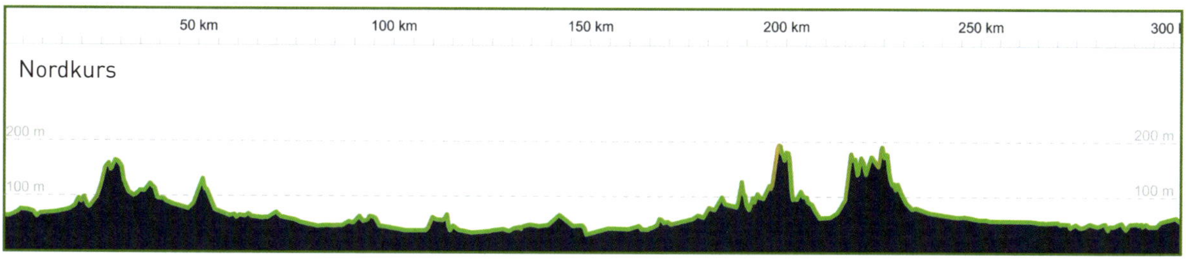

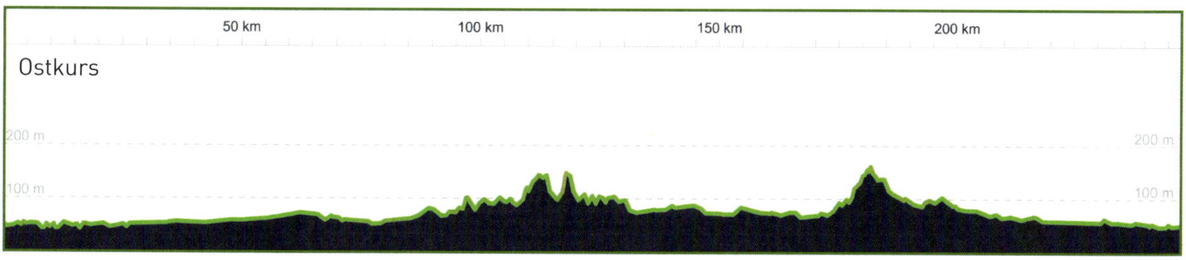

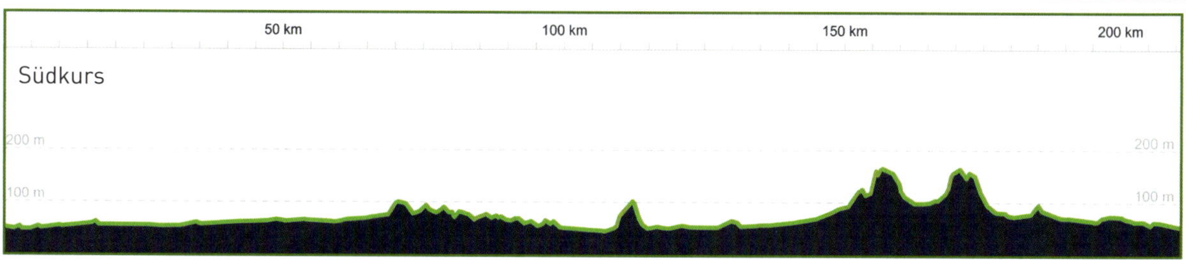

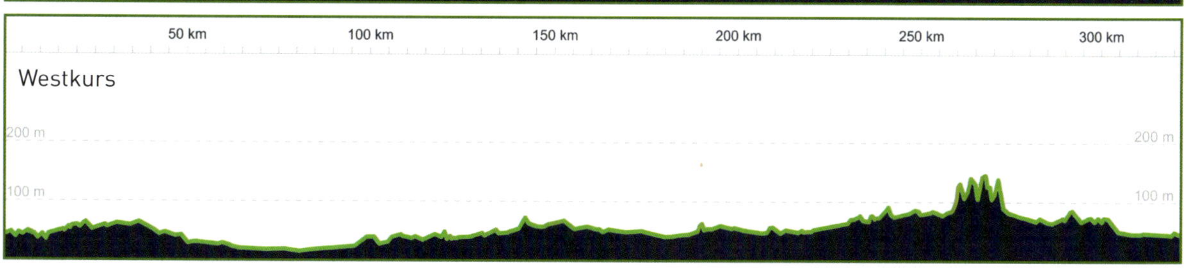

Coole Kunst am Wegesrand

Der Emscherkunstweg

Emscherkunstweg kompakt

Start: Emscherquellhof, Holzwickede
Ziel: Das Kunstwerk Play_Land in Oberhausen
Gesamtstrecke: 101 km
Fahrzeit: 3 Tagesetappen
Höhenmeter: 187
Schwierigkeit: leicht

Anreise
Mit der Bahn fährt man direkt bis zum Bahnhof von Holzwickede, von dort ca. sieben Minuten mit dem Rad bis zum Startpunkt am Emscherquellhof. www.bahn.de

Der Radweg
„Kunst für alle, jederzeit!", das ist das Motto des Emscherkunstweges. 22 Kunstwerke im öffentlichen Raum sind dabei mit dem Rad im wahrsten Sinne des Wortes zu erfahren. An der Emscherquelle in Holzwickede geht es los, man folgt in großen Teilen dem gut ausgeschilderten Emscher-Weg bis zur Mündung in den Rhein in Dinslaken. https://emscherkunstweg.de

Einkehr
Café Solo Dortmund: Unweit des Phönix-Sees. Leckere Burger mit Fleisch, aber auch vegane Varianten. Man hat auch die Wahl zwischen Kuchen, Waffeln, Milchshakes und Eisbechern. www.cafe-solo-deutschland.de
Birgit's Gastrobus Henrichenburg: Am Fuße des alten Schiffshebewerks steht ein originaler London-Doppeldeckerbus, Baujahr 1959! Birgit's Gastrobus bietet von März bis Oktober Speisen und Getränke an, die man im Oberdeck oder im Biergarten genießen kann. www.gastrobus.com
Cloud 7 im Heiner's, Gelsenkirchen: Im Nordsternpark gelegen, tolle Mittagskarte mit gehobener Küche bei fairen Preisen. Der Industriecharme des Gebäudes (früher eine Waschkaue für die Arbeiter der Zeche Nordstern) ist bewusst erhalten worden. www.heiners-cloud7.de

Buchtipp
Sehr gute Orientierung bietet die ADFC-Regionalkarte „radrevier.ruhr West", ISBN 978-3-96990-043-7.

Allgemeine Auskunft
Der Emscherkunstweg ist eine Kooperation zwischen Urbane Künste Ruhr, Emschergenossenschaft und Regionalverband Ruhr, https://emscherkunstweg.de.
Emschergenossenschaft
Kronprinzenstraße 24
45128 Essen
Telefon: 02 01 / 10 40
www.eglv.de/kontakt

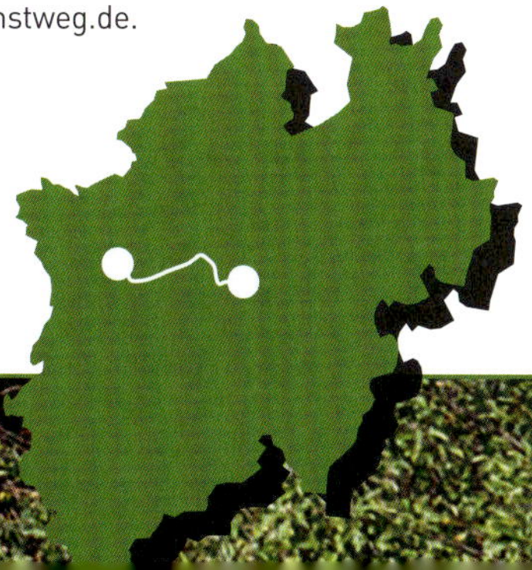

Der Thomaskonverter, bis 1965 zur Stahlschmelze genutzt, steht heute auf der Kulturinsel am Phönix-See.

Die Emscher ist 83 Kilometer lang. Ihr Verlauf quer durch das Ruhrgebiet bescherte ihr einst den Ruf, der schmutzigste Fluss Deutschlands zu sein. Bei der Renaturierung entstand der Emscherkunstweg mit überraschenden, coolen Kunstwerken am Wegesrand.

Die erste Tagesetappe beginnt am hübschen Fachwerkensemble des **Emscherquellhofes** und führt bis Dortmund. Am Startpunkt lohnt es sich gleich, die Handys zu zücken und das erste Kunstwerk der Tour zu verewigen. Der schwedische Künstler Henrik Håkansson hat hier anlässlich der Emscherkunst 2016 Skulpturen mit dem Titel „The insect societies" installiert. Es sind Würfelskelette, die heute Insekten Unterschlupf bieten. In den Hohlräumen wurden mit Hilfe von örtlichen Imkern Behausungen für Wildbienen untergebracht. Auf den Feldern ringsum säte man heimische Wildblumenarten aus, um den Bienen ein attraktives Nahrungsangebot zu sichern. Mit seinen überdimensionierten Insektenhäusern visualisierte Håkansson auch die Idee für das Emschertal: der Artenvielfalt und der Biodiversität Raum geben.

Nachdem man sich an der hübschen Emscherquelle in den Sattel geschwungen hat, wird der rund 83 Kilometer lange Fluss stetiger Begleiter sein. Auf dem ersten Streckenabschnitt kann man erst einmal Weitblicke über Felder und Wiesen genießen. In einem weiten Linksbogen geht es nach Solde hinein.

Aussichtsturm und „Theater der Pflanzen" im Bernepark – zwei der vielen sehenswerten Kunstwerke unterwegs

Bevor man auf dem gut befahrbaren Emscherweg nach Schüren kommt, bietet sich in Aplerbeck ein Abstecher zum Haus Rodenberg mit seinem Wassergraben an. Wenn man hier streckenweise wie durch einen „grünen Tunnel" radelt, bei dem die Büsche rechts und links des Radweges nur dank hingebungsvoller Pflege nicht über den Weg wuchern, dann ist es schwer, sich vorzustellen, dass die Emscher einst als Kloake des Ruhrgebiets verschrien war.

Totem am Phönix-See

Bald ist der bemerkenswerte **Phönix-See** erreicht und mit ihm zwei weitere Kunstwerke des Emscherkunstwegs. Der künstlich angelegte Phönix-See, an dessen Ufer man nun entlangradelt, erfreut sich heute als Naherholungsgebiet und bevorzugte Wohnlage großer Beliebtheit. Er ist wie „Phönix aus der Asche" auf dem ehemaligen Stahlproduktions-Gelände entstanden und hat eine Fläche von insgesamt 24 Hektar. Bis die 600.000 Kubikmeter Wasser den See 2011 füllten, dauerte es fast ein Jahr. Sehenswert sind die Aluminium-Skulpturen „Totem mit Elster" und „Vogelfrau" von Lucy und Jorge Orta, die am Ufer stehen.

Weiter geht es über die ehemalige Eliasbahntrasse zu den monumentalen Überresten von Phönix West. Einst wurde in diesem imposanten Hochofenwerk Roheisen produziert. Nach seiner Stilllegung ragt der rostige Riese – erhalten geblieben sind zwei rund 100 Meter hohe Hochöfen und einige Nebengebäude – in den Himmel. Besucher nutzen ihn als beeindruckende Fotokulisse und Ausflugsziel. Mutige können in luftiger Höhe an geführten Rundtouren teilnehmen. Mit der Installation „Kunstpause" in einem verwilderten Hain endet die erste Tagesetappe.

Auf der zweiten Tagestour geht es von Dortmund über Castrop-Rauxel und Herne bis in den **Bernepark** in Bottrop, wo man im Betonröhrenhotel übernachten kann. Es geht zunächst zu einem zipfelförmigen, begehbaren Monument, das aus dem satten Grün ragt und an einen Obelisken erinnert: „Zur kleinen Weile" des Berliner Künstlerkollektivs „raumlabor" und ist begehbar. Der Innenraum überrascht mit seiner goldenen Farbe und dem besonderen Klangerlebnis.

Geheimnisvolles Wasserbassin

Am Hof Emscher-Auen in Dortmund-Mengede steht einer der heimlichen Stars des Emscherkunstwegs: „Black Circle Square" heißt die leuchtend weiße Skulptur des Künstlers Massimo Bartolini. Sie ist quadratisch, 10,5 mal 10,5 Meter groß und von einer kleinen weißen Mauer umrahmt. In Ihrer Mitte hat die Skulptur ein acht Meter breites Becken, eine dunkle, geheimnisvolle Wasserfläche. Da das Becken nicht nur für Performances von Synchronschwimmerinen dienen kann, sondern auch als Löschwasserteich des nahe gelegenen Hofes genutzt wird, ist es mit der beachtlichen Wassermenge von 200.000 Litern gefüllt.

Nun reihen sich weitere Emscherkunstwerke auf: „Walkway and Tower", das Tadashie Kawamata wohlüberlegt unweit des Wasserkreuzes von Rhein-Herne-Kanal und Emscher positioniert hat. Steg und Aussichtsturm sollen Besucher einladen, die umliegende Landschaft meditativ wahrzunehmen.

Das Kunstwerk „Glückauf. Bergarbeiterproteste im Ruhrgebiet" von Silke Wagner kommt weniger meditativ daher. Sie hat auf einem ehemaligen Faulturm ein 600 Quadratmeter großes Wandmosaik aufgebracht, das den Kampf der Bergarbeiter in den Mittelpunkt stellt. So werden Freizeitradler auf künstlerische Art mit der industriellen Geschichte der Region konfrontiert.

An das nun folgende Emscherkunstwerk „Monument for a Forgotten Future" gelangen wir als Radler nur mit Hilfe eines kleinen Abstechers, der aber wirklich lohnt: ein Findling, der als maßstabsgetreue Nachbildung einer Felsformation aus dem Joshua Tree Nationalpark hier hingesetzt wurde. Es geht weiter auf einem gut befahrbaren Radweg am Ufer der Emscher entlang, bald radelt man auf den „Carbon Obelisk" zu, nach einem Schlenker vom Ufer weg liegt rechts des Radweges mit der „Gesellschaft der Amateur-Ornithologen" das nächste begehbare Kunstwerk. Ein alter Gastank wurde zu einem Studierzimmer für Freizeit-Ornithologen umfunktioniert.

Von der Kläranlage zum Kunstort

Vom Bernepark geht es an Tag drei weiter bis ins „Play_Land" in Oberhausen-Holten und bei Radellust und -laune weiter bis Dinslaken und zur Mündung der Emscher in den Rhein. Aber erstmal sollte der Bernepark mit seinen umfunktionierten Klärbecken natürlich ausgiebig erkundet werden. Auf dem Dach des Wirtschaftsgebäudes kann man „Catch as catch can" lesen, und im „Theater der Pflanzen" des niederländischen Künstlers Piet Oudolf dem Summen und Brummen der Bienen lauschen und an den duftenden Blüten schnuppern. Wer hier in den zu komfortablen Herbergen umgebauten Betonröhren übernachtet, der kann das einzigartige Ambiente abends und morgens ganz für sich allein erleben.

Ein tanzender Strommast

Mit einem Schwung geht es wieder an das Ufer der Emscher, dem wir bis zum **Zauberlehrling** treu bleiben. Dieser tanzende Strommast ist ein beliebtes Fotomotiv und liegt unweit des wirklich informativen Emscher-Landschaftspark-Informationszentrums, das im historischen Gutshof Haus Ripshorst untergebracht ist. Hier sollte man seine Räder anschließen, den Bauerngarten, den Gehölzgarten und auch die Ausstellung ausgiebig erkunden.

Weiter am Ufer entlang radelt man nun zu Oberhausens „Neuer Mitte" mit dem CentrO-Shoppingtempel, die neben Freizeitangeboten wie dem

Sehenswert

Emscherquellhof
Das erste Kunstwerk der Tour, „The insect societies", steht auf dem Gelände des Emscherquellhofes. Diese idyllische Anlage aus Fachwerk-Gebäuden lädt zum Verweilen ein. Übrigens befindet sich die Quelle nicht genau hier – Landvermesser des preußischen Königs hatten einen Fehler gemacht und so steht sie falsch im Urkataster.
https://wewole.de/emscherquellhof

Bernepark mit kuriosem Betonröhren-Hotel
Im Rahmen der „Emscherkunst" entstanden aus Klärbecken Kunstwerke. Das hintere Becken wurde vom Künstler Piet Oudolf in ein „Theater der Pflanzen" verwandelt. Am Rande dieses blühenden Rondells stehen die „Gastfreundschaftsgeräte", kuriose Übernachtungsmöglichkeiten in komfortabel ausgebauten Betonröhren.
https://dasparkhotel.net

Haus Ripshorst und der tanzende Strommast
Am Haus Ripshorst sollte man einen Stopp einlegen. Im historischen Gutshof ist das Emscher-Landschaftspark-Infozentrum untergebracht. Unter dem Motto „Vom Urwald zum Kulturwald" kann man im Gehölzgarten auf eine botanischen Entdeckungstour gehen. Und die 35 Meter hohe Stahlskulptur „Zauberlehrling" ist ein tolles Fotomotiv.
www.nrw-tourismus.de/haus-ripshorst-oberhausen

„House of Magic“ und dem **Gasometer** auch zahlreiche gastronomische Angebote zu bieten hat. Nachdem man entlang des Rhein-Herne-Kanals am imposanten Gasometer vorbeigeradelt ist, kann man diesen mit Hilfe der originellen, kunterbunten Brücke **Slinky Springs to fame** überqueren, die ebenfalls ein Emscherkunstweg-Kunststück ist. Dann zweigt der Weg gen Norden ab, es geht wieder zurück an das Ufer der Emscher und bald ist der Spieltrieb gefragt. Denn mit „Play_Land“ hat die slowenische Künstlerin und Architektin Apolonija Šušteršič einen Jugendtreff mit einer 600 Quadratmeter großen Skateanlage und einen modernen Spielplatz geschaffen, der so hübsch gemacht ist, dass er auch Erwachsene zum Klettern und Balancieren einlädt. Šušteršič hat die Anlage unter Einbeziehung der Anwohner geplant, umgesetzt und so einen besonderen Ort geschaffen.

Auf den verbleibenden Kilometern radeln wir – bis auf ein paar kleine Schlenker – fast immer entlang des Emscherufers, bis sich der Fluss bei Dinslaken in den Rhein ergießt. Hier stößt man auf den Rheinradweg, so dass die Tour bei passendem Wetter problemlos bis Wesel, Xanten oder sogar ins niederländische Rotterdam fortgesetzt werden kann.

Strommast mal anders: Schwungvoll scheint der „Zauberlehrling“ in den Himmel zu tanzen.

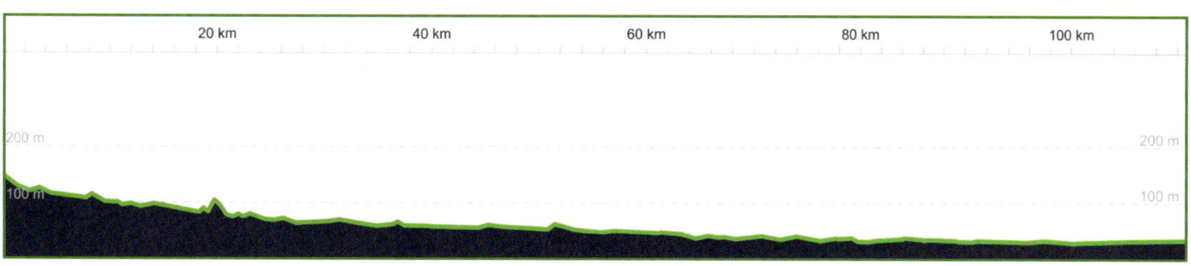

Auf Spuren von Joseph Beuys

Der Beuys & Bike Radweg

Beuys & Bike Radweg kompakt

Start: Museum Kurhaus in Kleve
Ziel: Museum Morsbroich in Leverkusen
Gesamtstrecke: 297 km
Fahrzeit: 6 Tagesetappen
Höhenmeter: 417
Schwierigkeit: mittel

Anreise
Mit der Bahn fährt man zum Bahnhof in Kleve. Von dort sind es fünf Radminuten zum Startpunkt. www.bahn.de

Der Radweg
Joseph Beuys hat die Kunstwelt in Bewegung gesetzt. Zu seinem 100. Geburtstag wurde eine Radroute eingerichtet, die auf seinen Spuren durch die flache, weite Landschaft des Niederrheins führt. So bietet sich eine gute Möglichkeit, kulturelles Erleben und Radvergnügen optimal miteinander zu verbinden. Wir werden auf dieser schönen, knapp 300 Kilometer langen Tour am Rhein, an Schlössern, Museen und Feldern vorbeigeführt.

Einkehr
Café Geschwisterherzen Krefeld: Direkt gegenüber des Kaiser-Wilhelm-Museums in Krefeld kreiert man hier himmlische Torten, Bowls, Bagels, Spinatknödel, Suppen und Kaffeespezialitäten. www.cafe-geschwisterherzen.de
Cumsalis in Kevelaer: Risotto mit Garnelen oder Kalbsleber mit karamellisiertem Apfel, Chutney von roten Zwiebeln, Kartoffelpüree und Rotweinjus in hervorragende Qualität mitten in Kevelaer. www.cumsalis-kevelaer.eatbu.com
Xantener Stuben: Vegetarier genießen hier ein köstliches Sellerieschnitzel mit marktfrischem Gemüse, und Fleischliebhaber müssen sich zwischen den zahlreichen Schnitzel- und Rumpsteakvarianten entscheiden. www.xantener-stuben.metro.rest

Buchtipp
Es gibt bisher noch kein Buch zu diesem Weg, aber gute Informationen und eine kostenfreie Rad-Faltkarte für den Niederrhein auf der Internetseite des Niederrhein-Tourismus: niederrhein-tourismus.de

Allgemeine Auskunft
Niederrhein Tourismus GmbH
Willy-Brandt-Ring 13
41747 Viersen
Telefon: 0 21 62 / 81 79 03
www.niederrhein-tourismus.de

Im Garten von Schloss Moyland kann man chillen. Im
Innern warten viele Beuys-Werke darauf, entdeckt zu werden.

Der Niederrhein bietet den Vorteil, dass er flach und wunderbar zu erradeln ist. Für Künstler wie Joseph Beuys bietet das den Vorteil, dass man die Blicke und Gedanken schweifen lassen kann. Wer diesen Spirit erleben möchte, wird diesen Fernradweg lieben.

„Ich denke sowieso mit dem Knie", lautet eines der berühmten Zitate von Joseph Beuys. Der Mann, der seine Kunstobjekte aus Filz, Fett oder Honig herstellte, stammte vom Niederrhein und war selbst sehr gern mit dem Rad unterwegs.

Startpunkt dieser Streckentour ist das **Museum Kurhaus Kleve**, weiter geht es über 42 Kilometer durch flache, niederrheinische Landschaft bis in die Römerstadt Xanten. Beuys, der in Kleve aufwuchs, mietete die Räume im Erdgeschoss des Friedrich-Wilhelms-Bads für acht Jahre als Atelier an. Besucher können seine rekonstruierten Atelierräume besichtigen.

Ab dem klassizistischen Kurhaus radelt man mit dem Tiergartenwald zur Linken und den Parkanlagen zur Rechten los. Nächste kulturelle Leckerbissen auf der Beuys & Bike-Route sind zwei Museen, das heimatkundliche Museum Katharinenhof Kranenburg, dann das Museum B.C. Koekkoek Haus, ehemaliges Wohnhaus des niederländischen Malers.

Zauberhafte Schwanenburg im Visier

Spätestens, wenn das Wahrzeichen von Kleve in den Blick kommt, heißt es: Kamera zücken. Denn die bereits im Jahr 1020 erwähnte **Schwanenburg** ist ein

Der Künstler Beuys fuhr selbst gern Rad;
im Kurhaus Kleve hatte er sein erstes Atelier.

echter Hingucker – und das im Ganzen wie im Detail, wundervoll verzierte Schwäne finden sich an allerlei Stellen, unter anderem an der Spitze des höchsten Turms. Denn die Klever Fürsten stammten vom Schwanritter Elias, auch bekannt als Lohengrin, ab. Beuys-Kenner wissen, dass das Schwanenmotiv oft in seinen Werken vorkam und er sich zeitweilig sogar für einen Nachfahren Lohegrins hielt.

Vorbei an Matarés Skulptur „Toter Krieger" vor der Klever Stiftskirche geht es durch mehr Grün und durch Bedburg-Hau, bevor das spektakuläre **Schloss Moyland** erreicht ist. Man parkt das Rad im Schatten des Wasserschlosses und kann in diesem über 700 Jahre alten Gemäuer und dem herrlichen Park gut und gerne einen halben Tag verbringen. Die weltweit größte Sammlung an Werken des Bildhauers, Aktionskünstlers und Provokateurs Beuys ist hier mit 6000 Arbeiten zu finden.

Doch der Radweg ruft, deshalb sollte man sich bald wieder in den Sattel schwingen und durch Felder und Wiesen, vorbei am Haus Horst, nach Kalkar radeln. Hier ist das Städtische Museum mit seinen gut erhaltenen gotischen Treppengiebelhäusern aus dem Jahr 1500 sehenswert.

Deutschlands einzige Stadt mit X

Der Kopf voll, die Beine rastlos – nach so viel Kultur tun frische Luft, weite Sicht und herrliche Radkonditionen besonders gut. Die Beuys & Bike-Route führt uns am imposanten Rhein entlang und zunächst an der Xantener Nordsee und dann der lieblichen Südsee vorbei. Hier kann man seinen erhitzten Körper in den Fluten abkühlen. Wer Kulturhunger verspürt, kann den LVR-Archäologischer Park Xanten und das LWL-Römermuseum besuchen. Eine tolle Übernachtungsmöglichkeit bietet das ehemalige Stadttor „Klever Tor" an.

Der nächste Radtag startet grün: Auf der Etappe von Xanten nach Duisburg (56 km) geht es parallel zum Rhein durch das Naturschutzgebiet Bislicher Insel und durch sieben weitere Naturschutzgebiete bis Rheinberg. Grün geht es weiter, bis wir vor Duisburg Vater Rhein queren. Auf der anderen Rheinseite radelnd, wird es Richtung Ruhrort immer städtischer. Auf der vorgelagerten Mercator-Insel schaut die Skulptur „Echo des Poseidon" von Markus Lüpertz eindringlich aufs Wasser.

Wundertüte Duisburg

Das Lehmbruck-Museum ist eine weitere wichtige Station auf dem Themenradweg. Wenige Tage vor seinem Tod nahm Joseph Beuys den Wilhelm-Lehm-

Museum Küppersmühle: einst Getreidespeicher, heute Heimat für moderne Kunst

bruck-Preis der Stadt Duisburg entgegen und bezeichnete in seiner Dankesrede Wilhelm Lehmbruck als seinen „Lehrer". Ein Abstecher zum quirligen Duisburger Innenhafen mit seinen Restaurants und dem Museum Küppersmühle darf hier nicht fehlen.

An Tag drei fährt man von Duisburg bis Krefeld (52 km). Ein erster Höhepunkt – im wahrsten Sinne des Wortes – ist „Tiger & Turtle", die begehbare Skulptur auf einer Halde, die von Weitem wie eine Achterbahn anmutet.

Nachdem man erneut über den Rhein geradelt ist, geht es in den Naturschutzgebieten Nieder Heide am Egelsberg, Niepkulen und Riehtbenden wieder ruhiger zu.

Wir nähern uns Krefeld, und mit den Museen Haus Lange und Haus Esters bietet sich schon wieder ein überzeugender Grund am Weg, in die Bremse zu steigen. Die von Ludwig Mies van der Rohe entworfenen Privatvillen präsentieren zeitgenössische Kunst. Kaum zu glauben, dass ein so großer, nicht unumstrittener Mann wie Beuys auch einst in einer Wiege lag. Das Krefelder Haus, in dem diese 1921 einst stand, kann man von außen besichtigen. Am Joseph-Beuys-Platz folgt gleich die nächste Gelegenheit für einen Boxenstopp. Denn im **Kaiser-Wilhelm-Museum** gibt es den Beuys-Block zu sehen.

„Raus aufs Land!" könnte das Motto der nächsten Etappe lauten. Auf 75 Kilometern geht es von Krefeld nach Neuss. Wer Vitamine braucht, der kann sich direkt am Wegesrand beim St. Töniser Obsthof mit frischen Erdbeeren, Äpfeln oder Pflaumen – und manchmal auch Spargel – eindecken. Durch Felder und Wiesen radelt man bis nach Viersen.

Hoch hinaus in Mönchengladbach

Der nächsten Höhepunkt ist der **Abteiberg in Mönchengladbach**. Hier heißt es für ein kurzes, steiles

Einstiges Beuys-Wohnhaus (l.o.);
Haus Lange (r.o.); „Wächtergruppe" (r.u.) –
und Kuchen beim Kaiser-Wilhelm-Museum (l.u.)

Stück ordentlich in die Pedale treten. Aber die Mühen lohnen sich. Denn oben auf dem Berg bieten sich mit dem Münster St. Vitus, dem angeschlossenen Park und den romantischen Altstadtgebäuden gleich mehrere Gründe zu verweilen. Vergessen sollte man auf keinen Fall, um die Kirche herumzugehen, um ein Erinnerungsfoto von dem „Exit"-Schriftzug zu machen, den Beuys hier einst bei einer Performance hinterlassen hat. Zwar ist der jetzt noch erkennbare Schriftzug nicht von Beuys selbst (er hatte sich für eine abwaschbare Variante entschieden, diese hier ist eingeritzt), aber zumindest stimmt die Stelle überein. Auch das große Wall-Art-Bild, das Beuys und seinen Freund Hans Hollein zeigt, sowie das Museum Abteiberg sind sehenswert.

Weiter rollen wir durch das Naturschutzgebiet Volksgarten-Bungtwald-Elschenbruch und vorbei an Korschenbroich. Die Museumsinsel Hombroich ist bald erreicht und ein Must-see für Kunstfans.

Die fünfte Etappe, die von Neuss nach Düsseldorf führt, ist mit 28 Kilometern kurz und bietet Zeit für Museumsbesuche in der Stadt der Mode. Zunächst sollte man aber in Meerbusch am alten Kirchturm einen Stopp einlegen. Hier hat sich Beuys mit einem „Auferstehungssymbol" verewigt. Außerdem hat er das schlichte Eichentor geschaffen, das mit seinen tiefen Kerben an die 222 Kriegsopfer aus Büderich erinnert.

Auf dem Mönchengladbacher Abteiberg findet man dieses Wandbild und Beuys' berühmtes „Exit" auf der Kirchentür.

Sehenswert

Kaiser-Wilhelm-Museum
In diesem denkmalgeschützten Gebäude wird Kunst aus der zweiten Hälfte des 20. Jahrhunderts präsentiert. Der Beuys-Block bildet einen Anziehungspunkt für Kunstfreunde. Die Werkgruppe aus sieben Objekten, die Beuys 1984 höchstpersönlich zu einem Ensemble zusammengestellt hat, ist unverändert erhalten geblieben.
www.kunstmuseenkrefeld.de

Museum Kurhaus Kleve
Das städtische Museum präsentiert Kunst von der Zeit der Spätgotik über den Barock bis hin zu Gegenwartskunst. Hier kann man frühe Zeichnungen, Drucke, Multiples, Skulpturen und Fotoarbeiten aus Joseph Beuys' Werk und auch sein ehemaliges Atelier besichtigen. Außerdem bildet der Nachlass von Ewald Mataré einen wichtigen Grundstock des Museums.
www.mkk.art

Schloss Moyland
Im neugotischen Wasserschloss machen die Arbeiten von Joseph Beuys das Zentrum der Sammlung aus. Auch das Joseph-Beuys-Archiv ist in diesen ehrwürdigen Mauern untergebracht. Die historische Gartenanlage aus dem späten 19. Jahrhundert ist einen Rundgang wert. Im Skulpturenpark kann man 70 einzigartige Kunstwerke bewundern.
www.moyland.de

Nach Meerbusch führt die Tour zurück ans Rheinufer. Die Skulptur des Beuys-Kopfes steht zur Linken am Rheindeich und wurde von seinem Schüler Anatol Herzfeld geschaffen. Sie trägt als Inschrift eines der berühmten Beuys-Zitate: „Jeder Mensch ist ein Künstler.“ Weiter geht’s hinein nach Oberkassel. Am Drakeplatz hat Beuys einst ein Wohnatelier gehabt. Nach der Überquerung des Rheins finden sich gleich zwei Beuys-Orte: die Kunstakademie, an der er Professor und Direktor war, und das **Museum K20** mit der Kunstsammlung NRW.

Auf zur Beuys-Badewanne

Die letzte Etappe von Düsseldorf nach Leverkusen bietet für 43 Kilometer „r(h)einstes“ Vergnügen, denn für einen Großteil der Tagestour geht es direkt am imposanten Strom entlang. Vorbei am Benrather Schloss und Monheim am Rhein gelangt man zum Endpunkt des Fernradweges, dem Museum Morsbroich. Im **Wasserschloss Morsbroich** ist ein Museum für zeitgenössische Kunst. Das Museum kam durch einen kleinen Skandal zu bundesweiter Berühmtheit. Zwei SPD-Mitglieder hatten einst in Feierlaune eine Badewanne von Fett und Pflastern befreit, um darin Gläser zu spülen. Ohne böse Absicht hatten sie damit ein Kunstwerk von Joseph Beuys zerstört.

Zum Ausklang bietet sich ein Picknick im weitläufigen Park an, an warmen Tagen verspricht der betretbare Brunnen „Water Island“ eine willkommene Erfrischung.

Am Rheinufer steht bei Meerbusch der Beuys-Kopf von Anatol Herzfeld.

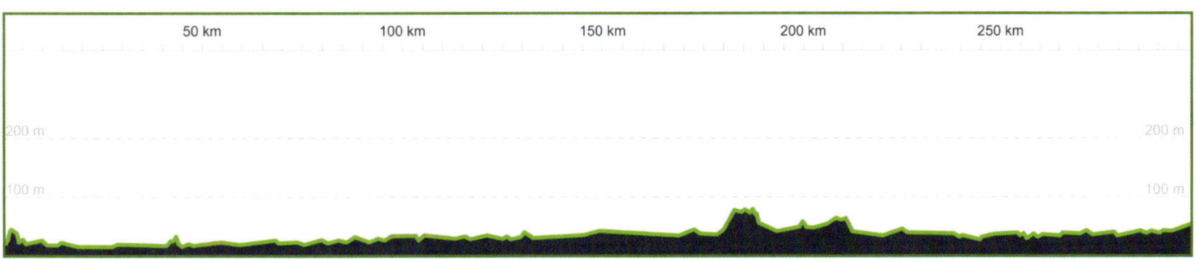

Prächtige Burgen und zauberhafte Schlösser

Die Wasserburgen-Route

Wasserburgen-Route kompakt

Start und Ziel: Bad Godesberg Bahnhof
Gesamtstrecke: 389 km
Fahrzeit: 23,5 Stunden, 8 Tagesetappen
Höhenmeter: 1844
Schwierigkeit: mittel

Anreise
Mit der Bahn fährt man direkt bis zum Startpunkt in Bad Godesberg. www.bahn.de

Der Radweg
Vom ADFC mit drei Sternen ausgezeichnet, verläuft die Rundtour meist auf gut ausgebauten Radwegen oder verkehrsarmen Straßen. Es geht hinauf und hinab, durch Fluss- und Bachtäler, landwirtschaftlich genutzte Bördelandschaften und eine abwechslungsreiche Mittelgebirgsregion. Durchgängig mit dem blau-weißen Burg- und Radsymbol beschildert, radelt man auf sechs bis acht Etappen vorbei an 120 Burgen zwischen Eifel und Rhein. www.die-wasserburgen-route.de

Einkehr
Bahnhofsvision, Aachen: In einem ehemaligen Bahnhof treffen sich Radler aus nah und fern und finden im Biergarten und im gemütlichen Gastraum Leckeres von Salat über Pizza und Pasta bis hin zu deftigem Schnitzel. www.bahnhofsvision.de
Restaurant Luna, Aachen: Mediterrane Köstlichkeiten aus saisonalen Zutaten, zentral am Aachener Theaterplatz gelegen. https://restaurant-luna.de
Der Genuss, Rheinbach: Klassische deutsche Küche mit frischen Köstlichkeiten wie Käsespätzlepfännchen oder rheinischem Sauerbraten und knackigen Salaten im Angebot. www.der-genuss-rheinbach.de

Buchtipp
Sehr gute Orientierung bietet das bikeline-Radtourenbuch „Wasserburgenroute: Von Burg zu Burg zwischen Eifel und Rhein", Verlag Esterbauer, ISBN 978-3-85000-373-5.

Allgemeine Auskunft
Nordeifel Tourismus GmbH
Bahnhofstraße 13
53928 Kall
Telefon: 0 24 41 / 9 94 57-0
www.die-wasserburgen-route.de

Der Park der Burg Gudenau beeindruckt mit terrassierter Gartenanlage, Springbrunnen und Grottenraum.

Das Städtedreieck Aachen, Köln und Bonn kann stolz von sich behaupten, die an Wasserburgen reichste Region Europas zu sein. Auf den rund 380 Radkilometern kommt man ins Staunen über 120 Burgen und Schlösser und durchaus auch mal ins Schwitzen.

Romantischer geht es kaum. Auf acht Etappen dreht sich zwischen Eifel und Rheintal alles um Burgfräuleins, edle Rittersleut' und Schlossherren. Auf trutzige Burgzinnen zuradeln, an mit Seerosen reich bestückten Burggräben für ein Picknick stoppen, ein Erinnerungsfoto mit Weiher und Fontäne im Hintergrund schießen. Barocke Prachtbauten hier, verspielte Türmchen dort. Auf dieser Tour dürfte es schwerfallen, sich für eine Lieblingsburg oder einen Schloss-Favorit zu entscheiden. Ganz hoch im Kurs steht bei Gästen aus dem In- und Ausland das Schloss Augustusburg in Brühl, ein Meisterwerk aus der Zeit des Barock und des Rokoko, das mit dem Jagdschlösschen Falkenlust und den Brühler Gärten zum UNESCO-Weltkulturerbe zählt.

Wo Lady Di und Helmut Kohl dinierten

Die erste Etappe ist rund 37 Kilometer lang und führt von Bad Godesberg nach Euskirchen. Rund 160 Höhenmeter sind dabei zu absolvieren und einige historische Highlights zu bestaunen. Gleich zu Beginn ist La Rédoute ein Hingucker. Hier dinierten bereits Lady Di und Helmut Kohl.

Über den Godesberger Bach und an hübschen Fachwerkhäusern entlang radelt man weiter, bis die **Broicher Mühle** in Villip zu besichtigen ist. Immerhin ist sie die älteste noch in Betrieb befindliche Wassermühle in NRW! Ein Stück weiter kann dann die imposante zweiteilige **Wasserburg Gudenau** inmitten ihres Barockgartens bestaunt werden. Weiter

Im Schloss Bedburg (o.) kann man in historischem Ambiente tagen.
Schloss Miel beherbergt einen Golf-Club (u.).

geht es durch den dichten Kottenforst, der gleichnamige Bahnhof bietet schattige Rast. In dem gemütlichen Fachwerkhaus erfreut sich das rheinische Reibekuchenbuffet besonderer Beliebtheit.

Nach ein paar kräftigen Pedaltritten ist mit der Burg Lüftelberg die nächste Burg mitsamt Wassergraben erreicht. Die Radroute verläuft dann Richtung Nordwest und führt am Haus Müttinghoven vorbei zur Burg Morenhoven. Diese zweiteilige Wasserburg wurde 1229 erstmalig erwähnt und wird heute für Konzerte und Hochzeitsfeiern genutzt. Wir queren danach die Swist gleich zwei Mal und radeln über den Heidgesweg zu **Schloss Miel**. Dieses grenzt heute an einen Golfclub, und in der ehemaligen Remise lädt ein edles Restaurant zu Tisch. Berühmt-berüchtigt war das Schloss Miel einst, weil Kurfürst Max Friedrich eigens ein Zimmer für seine Schäferstündchen mit der Äbtissin des Damenstifts Villich, Caroline von Satzenhofen, einrichten ließ.

Ein Stückchen Erft-Radweg

Auf der zweiten Tagesetappe radelt man von Euskirchen nach Bedburg. Auf den insgesamt 52 Kilometern fährt man teilweise auf dem beliebten Erft-Radweg. Da dieser durch das Hochwasser im Juli 2021 beschädigt wurde, sollte man sich vorab über eventuelle Umleitungen informieren.

Die bei normalen Witterungsverhältnissen idyllisch dahinplätschernde Erft führt auf dieser Tour durch herrliche Uferzonen, und man radelt über Weilerswist, Erftstadt, Kerpen, Bergheim bis nach Bedburg. Heute geht es rund 100 Höhenmeter hinunter,

Der Dom: Wahrzeichen der Stadt Aachen und natürlicher Mittelpunkt der quirligen Stadt mit prachtvollem Innenraum.

so dass man auch auf diesem Abschnitt genügend Zeit findet, um die historischen Ortskerne und stattlichen Burgen wie die Kleeburg, die in Privatbesitz befindliche eindrucksvolle Wasserburg Kühlseggen oder den prächtigen Garten des Schloss Gracht zu genießen. Bei der Vielzahl an Schlössern und Burgen auf diesem Abschnitt ist es schwierig, allen einen Besuch abzustatten. Man muss schon wählen zwischen der Burg Konradsheim mit ihrer spätmittelalterlichen Burganlage, Schloss Türnich mit seinem öffentlich zugänglichen Schlosspark, Schloss Loersfeld mit seinem herrlichen englischen Landschaftspark, Wasserburg Schloss Frens und dem backsteinernen Schloss Pfaffendorf. Wer sich auf eines konzentrieren möchte, dem sei ein Spaziergang durch den Schlosspark von **Schloss Bedburg** empfohlen, einem der ältesten Adelssitze der Erftniederung. Lange diente er als Ritterakademie, in der der Nachwuchs auf sein Erwachsenendasein vorbereitet wurde.

Vom Mittelalter jäh in die Gegenwart

Auf der dritten Etappe geht es vorwiegend flach über 45 Kilometer von Bedburg nach Jülich. Zunächst radelt man durch das mittelalterliche Zentrum von Alt-Kaster. Der Anblick des Tagebaus von Hambach steht dann im krassen Gegensatz zu den historischen Gemäuern auf den bisherigen Etappen. Zum Abschluss der Tour empfiehlt sich ein Besuch der ab dem Jahre 1545 erbauten **Zitadelle in Jülich**, eine der ältesten und am besten erhaltenen Festungsanlagen ihrer Art nördlich der Alpen.

Für die Etappe von Jülich nach Aachen braucht man ein ordentliches Frühstück. Schließlich sind rund 72 Kilometer zu absolvieren. Auf dieser Radtour erleben wir Gegensätze, denn es geht durch fruchtbare Landschaften, aber auch am drittgrößten Tagebau im Braunkohlerevier entlang. Über das idyllische Wurmtal radelt man an einem Bach bis ins se-

Stolbergs Altstadtgässchen (l.o.), darüber thront die Burg (r.o.); Korneliemünster (u.) hat historischen Charme.

henswerte Aachen. Durstige Radler können hier direkt am Elisenbrunnen, unweit des mächtigen Doms, einen kräftigen Schluck aus einer der berühmtesten Quellen Europas nehmen.

Von der Kaiserstadt Aachen in die Kupferstadt Stolberg führt die fünfte Tagestour über 20 Kilometer. Es gilt, 182 Höhenmeter Steigung zu bewältigen – aber immerhin rund 150 Höhenmeter geht es auch bergab. Vier historische Ortskerne sorgen für Kurzweil. Da diese Etappe relativ kurz ist, bietet sich morgens die Gelegenheit, den Aachener Dom samt Domschatz zu besichtigen und unterwegs im gemütlichen Kornelimünster zu rasten, um Zeit für die Reichsabtei und auch für Alt-Breisig mit seinen interessanten Bruchsteinhäusern zu haben. Auch landschaftlich hat diese kurze Etappe mit dem naturbelassenen Tal des Flüsschens Inde einiges zu bieten.

Lieblingsort Stolberg

Tagestour sechs ist mit 64 Kilometern und 360 zu bewältigenden Höhenmetern schon recht knackig. Aber der tolle Ausgangspunkt, die **Stolberger Burg**, sowie die Burg Hengebach als Ziel dürften als Motivation reichen. Von Stolberg mit seiner über den verwinkelten Altstadtgassen thronenden Burg bis zur Burg Hengebach mit der internationalen Kunstakademie in Heimbach führt die Wasserburgenroute heute an der Burgruine in Nothberg und Schloss Merode vorbei. Von Kreuzau an ist die Rur unsere ständige Wegbegleiterin bis zum von Fachwerkromantik geprägten Eifelstädtchen Heimbach. Hier bietet sich die Visite des Nationalpark-Tors am Bahnhof an. Schließlich liegt hier mit dem Nationalpark Eifel Nordrhein-Westfalens einziger Nationalpark ganz in der Nähe.

Die Tour bietet viele Fotomotive – neben jeder
Menge historischer Gebäude auch glückliche Kühe.

Sehenswert

Schloss Augustusburg
Oft einfach „Schloss Brühl" genannt, wurde dieses imposante Renaissanceschloss nach 1949 oft als Repräsentationsschloss des Bundespräsidenten und der Bundesregierung genutzt. Errichten ließ es Kurfürst August von Sachsen 1568 bei Brühl als Jagd- und Lustschloss. Mit dem ebenfalls pompösen Jagdschloss Falkenlust ist das Schloss durch eine Allee im weitläufigen Schlosspark verbunden.
www.augustusburg-schloss.de

Burg Stolberg
Stolz thront die Burg auf einem Kalkfelsen über der Stolberger Altstadt. Im 12. Jahrhundert von den Herren von Stalburg erbaut, dient sie heutzutage als Wahrzeichen der Stadt. Hier kann man heute heiraten, dem Heimat- und Handwerkermuseum in der Torburg einen Besuch abstatten, um die Burg herumstreifen oder sich in der Burggastronomie stärken.
www.burg-stolberg.de

Aachener Domschatzkammer
Der Dom, in dem 30 Könige gekrönt wurden, gehört zu den beliebtesten Sehenswürdigkeiten Aachens. Die nebenan gelegene Domschatzkammer ist auch einen Besuch wert. Auf 600 Quadratmetern kann man rund 130 Kunstwerke bestaunen. Zu den Highlights zählen die Karlsbüste und die Krone der Margarete von York.
www.aachener-domschatz.de

Auf Etappe sieben von Heimbach nach Rheinbach heißt es: Burgen, Burgen und noch einmal Burgen. Auf dieser 55 Kilometer langen Tagestour erleben Radler den burgenreichsten Abschnitt des gesamten Wasserburgenradweges. Aber auch Wasserläufe sorgen für Abwechslung, während man am Rande der Eifel Richtung Rheinland unterwegs ist. Ein kulturelles Highlight bildet das hervorragende Freilichtmuseum Kommern. In Rheinbach angekommen, heißt es nach dem langen Tag im Sattel: Beine ausstrecken, etwas Gutes essen und vielleicht noch das Glasmuseum oder den Hexenturm besichtigen.

Von Rheinbach bis nach Bad Godesberg führt über 35 Kilometer die achte und letzte Etappe des Wasserburgen-Radweges. Angenehm flach geht es durch Wälder und Wiesen, und auch auf diesem Abschnitt dürfen weitere schöne Burgen nicht fehlen. Vielleicht gibt die Tagesplanung noch eine Stippvisite im Naturparkzentrum des Naturparks Rheinland her.

Nach einer vergnüglichen Radtour unter Obstbäumen erfrischt in der Apfelstadt Meckenheim ein leckeres Glas Apfelschorle durstige Radlerkehlen, bevor mit dem Herrenhaus Burg Altendorf die erste Burg des Tages erreicht ist.

Dann trifft man auf die geschichtsträchtige **Burg Münchhausen**. Mit der Burg Odenhausen radeln wir dann an der höchstgelegenen Wasserburg Nordrhein-Westfalens vorbei. Über Niederbachem rollt man schließlich Richtung Mehlem und von dort entspannt am Rhein entlang bis nach Bad Godesberg.

Der hier beschriebe Verlauf der Wasserburgen-Route orientiert sich an der Hauptroute. Für einige Etappen gibt es Alternativvorschläge, Informationen unter: die-wasserburgen-route.de.

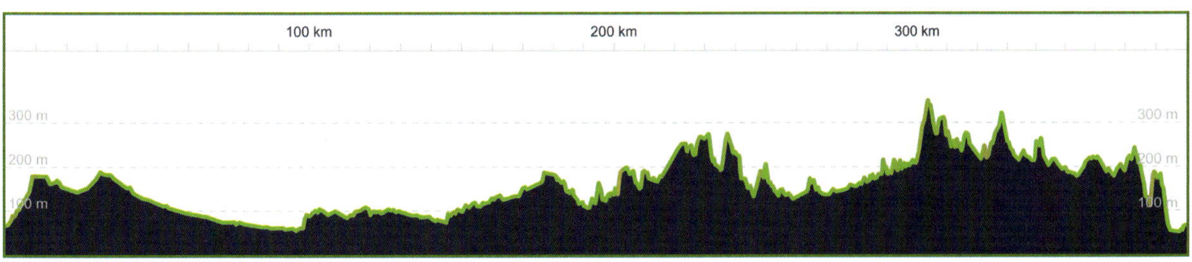

Knackig, fruchtig, saftig

Die Rheinische Apfelroute

Rheinische Apfelroute kompakt

Start und Ziel: Am Herrenwingert / Schloss Alfter
Gesamtstrecke: 124 km
Fahrzeit: 14 Stunden / 3 Tagesetappen
Höhenmeter: 688
Schwierigkeit: schwer

Anreise
Mit der Bahn fährt bis zur Haltestelle Alfter-Impekhoven. www.bahn.de

Der Radweg
Man folgt dem roten Apfel-Symbol „Apfelroute" und plant am besten drei Tage ein, da das Höhenprofil ordentlich in die Waden geht. So bleibt auch genügend Zeit, die grandiosen Ausblicke und die Köstlichkeiten am Wegesrand in den Hofcafés und bei den Apfelrouten-Partnern zu genießen. Highlights wie Obsthöfe oder Fachwerkensembles am Wegesrand und die ein oder andere Rast im Schatten von Obstbäumen erwarten die Radelnden.
Bei dem Rhein-Voreifel-Touristik e. V. und bei der Toursteninformationin Wachtberg gibt es kostenfreie Prospekte und eine Karte. Weitere Informationen unter: https://apfelroute.nrw

Einkehr
Café Gelis Kaffee Ecke, Alfter: Süße Kleinigkeiten aus der hofeigenen Küche und Kaffeeköstlichkeiten im Hofladen Mandt. www.gelis-kaffee-ecke.de
Waldgaststätte Kottenforst, Meckenheim: Deftiges wie Steak, Schnitzel und Flammkuchen. Jeden Freitag ab 17 Uhr gibt es ein Reibekuchenbuffet – mit süßen und salzigen Beilagen (Reservierung notwendig). www.waldgaststätte-bahnhof-kottenforst.de
Café Landlust bei Meckenheim: Apfelkuchen mit Aussicht über die Apfelplantagen, am Obsthof Cremerius gelegen. Einkaufen geht auch, im Hofladen oder am Frischautomaten. www.obsthof-cremerius.de/cafe/

Buchtipp
Ein Buch zur Tour gibt es (noch) nicht. Gute Orientierung bietet die Karte zur Rheinischen Apfelroute und Prospektmaterial, das man hier kostenfrei bestellen kann: https://apfelroute.nrw.

Allgemeine Auskunft
Rhein-Voreifel-Touristik e. V.
Marienforster Weg 14
53343 Wachtberg
Telefon: 02 28 / 35 02 62-36
www.rhein-voreifel-touristik.de

Direkt ab Hof schmecken die knackigen Äpfel am allerbesten.

Auf dieser Rundtour radelt man durch die größte Obst- und Gemüseanbauregion Nordrhein-Westfalens. Für Abwechslung sorgen zahlreiche Obstplantagen, Gemüsefelder, Hofcafés sowie die zwölf Apfelrouten-Erlebnisstationen, an denen man Wissenswertes über den Obstanbau lernt.

Die Voreifel ist hier weniger flach, als es der Name vermuten lässt. Deshalb wird die Rheinische Apfelroute bei den gängigen Tourenapps auch als „schwierig" eingestuft. Trotzdem setzen die Macher auch auf Familien als Zielgruppe.

Dass das Konzept aufgeht, liegt sicherlich an den zwölf liebevoll gestalteten Erlebnisstationen und auch am reichen Angebot an Nebenschleifen. Diese sind kürzer als die Hauptroute und können je nach Geschmack und bevorzugter Schwierigkeit ausgewählt werden. Insgesamt sechs Nebenschleifen gibt es, die zwischen 15 und 40 Kilometer lang sind. Nach den Orten benannt, gibt es je eine Schleife um Alfter, Rheinbach, Wachtberg, Meckenheim, Swisttal und um Bornheim. Im Verlauf dieser Strecken werden noch einmal gezielt einzelne örtliche Sehenswürdigkeiten sowie schöne Aus-, An- und Fernblicke angefahren.

Wer die Hauptroute in Angriff nehmen möchte, kann in Alfter starten und im Uhrzeigersinn fahren. Sportliche Rennradfahrer scheuen sich vielleicht nicht, die 124 Kilometer in einem Rutsch zu absolvieren. Genussradler sollten die Tour in drei Tagese-

Schloss Bornheim (l.) wurde 1147 erstmals erwähnt; Schloss Alfter 1721 zu einem Barockschloss umgebaut (r.).

tappen einteilen – nicht zuletzt, um die Schönheit der Landschaft und die Köstlichkeiten, die die fleißigen Bauern hier säen, ernten und verarbeiten, auch angemessen probieren zu können.

Denn einen weiteren Anteil am Erfolgskonzept der Route hat sicher der hohe Genussfaktor. Unterwegs geht es nämlich immer wieder vorbei an den Pforten von Hofläden, Hofcafés und netten Eisdielen sowie Restaurants. Man sitzt oft herrlich mitten im Grünen, kann verweilen und die Vielzahl an regionalen und saisonalen Erzeugnissen probieren.

Am schönsten im Spätsommer

Am schönsten ist diese Tour natürlich im Spätsommer, wenn man beim Hofverkauf die köstlichen, knackfrischen Äpfel und Birnen direkt erwerben kann. Aber natürlich hat der Weg auch im Frühjahr, zur Obstblüte seinen Reiz, wenn die Luft saftig duftet und die fleißigen Bienen unterwegs sind.

Teilt man die Tour in drei Tagesabschnitte ein, so bieten sich Wachtberg und Swisttal als Übernachtungsstationen an. Auf dem ersten Abschnitt, zwischen Alfter und Wachtberg, geht es am Bahnhof Kottenforst mit seinem Waldrestaurant vorbei, weiter über Pech bis nach Wachtberg.

Zwischen Alfter und Witterschlick kommt man zunächst an die Erlebnisstation Streuobstwiese. Diese liegt auf dem Gelände eines weitläufigen Spielplatzes und zeigt an Schautafeln, welche Tiere „in welcher Etage" des Apfelbaums leben. Die nächste, sehenswerte Erlebnisstation liegt direkt gegenüber vom **Naturhof Wolfsberg**. An dieser Station dreht sich alles um die fleißige Wildbiene. Hier gibt es neben einem Bienenmodell auch ein hübsches Insektenhotel zu inspizieren. Am Naturhof kann man im Hofladen leckere, regionale Produkte in Bioqualität erwerben (www.naturhof-wolfsberg.de).

Das Schmuckstück des Ortes ist unbestritten das in hellem Gelb gestrichene **Schloss Alfter**, das der Öffentlichkeit leider nur zu besonderen Anlässen seine Pforten öffnet. Die Radroute führt direkt unterhalb des Schlosses am Kriegerdenkmal vorbei. Eine Einkehrmöglichkeit bietet das alteingesessene Gasthaus Spargel Weber im Ortszentrum. Frisch gestärkt kann man so den ein oder anderen Hügel leicht bewältigen.

Auch im Bahnhof Kottenforst kann man einen Einkehrschwung machen, bevor das Tagesziel Wachtberg erreicht ist. Die vulkanisch geprägte Hügellandschaft ist reich mit Obstplantagen gesegnet, im Frühjahr rollt man hier durch ein reines Blütenmeer. Ein Hingucker ist das Radom, die Radarkuppel des Fraunhofer-Instituts.

Von Wachtberg geht es am zweiten Tag schließlich weiter über Meckenheim und Rheinbach bis nach Swisttal. Rund um Meckenheim ändert sich die Vegetation – zwar sieht man auch hier ausgedehnte Apfelplantagen, aber neu sind die Baumschulfelder mit einer beeindruckenden Vielfalt an ganz unterschiedlichen Baumarten. Neben der Altstadt sind in Meckenheim auch die **Burg Lüftelberg**, das Herrenhaus Burg Altendorf mit seinem Museum und angeschlossenem Café sowie Teile der antiken römischen Wasserleitung sehenswert.

Glasstadt Rheinberg

Das Stadtbild von Rheinbach ist geprägt durch die Tomburgruine im Hintergrund. Am Fuß der Eifel und am Rand des niederrheinischen Tieflandes gelegen, ist Rheinbach auch als Glasstadt bekannt. Radler sollten im Herzen von Rheinbach am Römerkanal-Info-

Den Charme der Route machen die netten Begegnungen aus – auf Hof Erd lädt Bäuerin Marion Meyer zu Rundgang, Kaffee und Kuchen (u.).

zentrum aus dem Sattel steigen. Dem kulturellen Zentrum Himmeroder Hof angegliedert, findet man dort auch das **Glasmuseum** sowie das Naturparkzentrum.

Schlösser, Burgen, weite Blicke

Die dritte Tagestour führt von Swisttal über Sechtem und mit einem Schlenker zum Rhein nach Bornheim, bevor Alfter wieder vor uns liegt. Zwischen **Miel** mit seinem **Schloss** und Heimerzheim geht es übrigens nur bergab – eine gute Gelegenheit, das Rad einfach rollen zu lassen und die Ausblicke nach links und rechts zu genießen. Für Swisttal sollte man sich ein wenig Zeit nehmen und kleine Abstecher einplanen. Denn diese Gemeinde, die am Rande der Eifel gele-

Sehenswert

Gläserne Kunst
Das Glasmuseum Rheinbach zeigt filigrane Glasprodukte aus der Zeit des Barock, des Biedermeier und des Jugendstils, aber auch moderne Glasskulpturen. Prächtige Glaskelche und hauchdünne Souvenirgläser können in den Vitrinen bewundert werden. Im Museumsshop können zeitgenössische Glasobjekte erworben werden.
https://glasmuseum-rheinbach.de

Radom Wachtberg
Mitten in der grünen Landschaft tut sich plötzlich ein kugelrundes, weißes Objekt auf. Wachtbergs Wahrzeichen, das Radom, hat einen Durchmesser von 47,5 Metern. Die Großradaranlage dient der Weltraumbeobachtung, die Darstellung von Weltraumobjekten ist hier weltweit am detailliertesten. Besichtigungen muss man weit im Voraus buchen.
www.fhr.fraunhofer.de/de/veranstaltungen/besichtigung-der-kugel.html

Burg Heimerzheim
Stattlich ist die Burg Heimerzheim, deren Ursprünge in die Mitte des 13. Jahrhunderts zurückreichen. Wer sich selbst einmal wie ein Burgfräulein oder ein Rittersmann fühlen möchte, der kann in den ehrwürdigen Gemäuern übernachten. Das Hotel bietet gemütliche Burgenzimmer und Junior-Suiten, zwei davon mit den Turmzimmern – toll für Familien!
https://burg-heimerzheim.de

gen ist, beschreibt sich selbst mit den Schlagworten: „Schlösser, Burgen und weite Blicke“. Historische Nutzgebäude, aber auch hübsche Schlossanlagen und stattliche Wasserburgen sind unterwegs zu finden, darunter die Burgen Heimerzheim, Kriegshoven, Morenhoven und die Burg Müttinghoven. Nach Heimerzheim gilt es nochmal eine Steigung und ein Plateau zu bezwingen, bevor man genüsslich Richtung Sechtem und zu Vater Rhein hinabrollen kann.

Auch in Sechtem gibt es mit der Grauen Burg und der Weißen Burg gleich zwei historische Bauwerke zu bewundern. Direkt am majestätischen Rhein geht es erfrischend zu, der Wind weht Radlern hier um die Nase. Nach Hersel wenden wir dem Rhein den Rücken zu und strampeln bis zum **Schloss Bornheim**. Dieses wildromantisch verfallen wirkende Lustschloss wurde nach Plänen des Barockbaumeisters Johann Conrad Schlaun ab 1728 erbaut und ist in freundlichem Rosa gestrichen.

Atmen wir noch einmal tief durch, denn nun heißt es erst einmal: stets bergauf! Wer sich bergan aus Bornheim herausgearbeitet hat, wird mit der Erlebnisstation Obstblütenlandschaft mit einem tollen Rastplatz und Aussichtsturm belohnt. Wer findet auf dem Wimmelbild das schwarze Schaf? Und wer findet heraus, was die Obstblütenlandschaft hier so besonders macht?

Hinter Bornheim sollte man am Hofladen Erd vom Rad steigen und eine Pause einlegen, denn dort bietet Demeter-Bäuerin Marion Meyer hausgemachten Kuchen an. Wer vor ihrem kleinen Hofladen, der in einer Gartenhütte untergebracht ist, abbremst, taucht in eine andere Zeitzone ein, so scheint es. Alles geht entspannt und gelassen zu, hier kann man wunderbar Ruhe tanken.

Frischer Apfelsaft ab Hof

Über der Verkaufsluke des kleinen Hofladens flattern tibetische Gebetsfahnen im leichten Sommerwind, und auf handgeschriebenen Tafeln werden die Kuchen angepriesen, die es heute zu verkosten gibt: Wie wäre es mit einem Stück Kirschstreuselkuchen und einem Glas Apfelschorle aus heimischen Äpfeln?

Wer noch Platz im Fahrradkorb hat, der kann gleich eine Flasche mitnehmen. Vielleicht passt auch noch ein Gläschen Honig hinein? Und für das Abendessen ein Bund frische Petersilie? Diese schneidet Biobäuerin Meyer ganz frisch im Gewächshaus.

Erhaben stolziert Hahn Hugo über das Gelände, und schnell ist man mit der sympathischen Biobäuerin im Gespräch. Ob man die Bienenstöcke schon gesehen hat hinter dem Feld? Und die Küken im Laufstall?, erkundigt sie sich freundlich, um dann höchstpersönlich einen kleinen Rundgang mit den Gästen zu machen. (Geöffnet bei gutem Wetter am Wochenende und an Feiertagen, www.hof-erd.de)

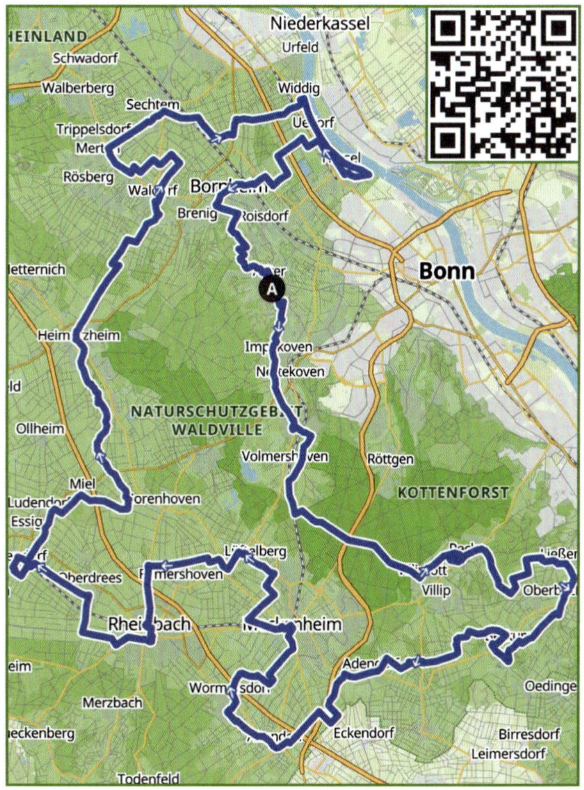

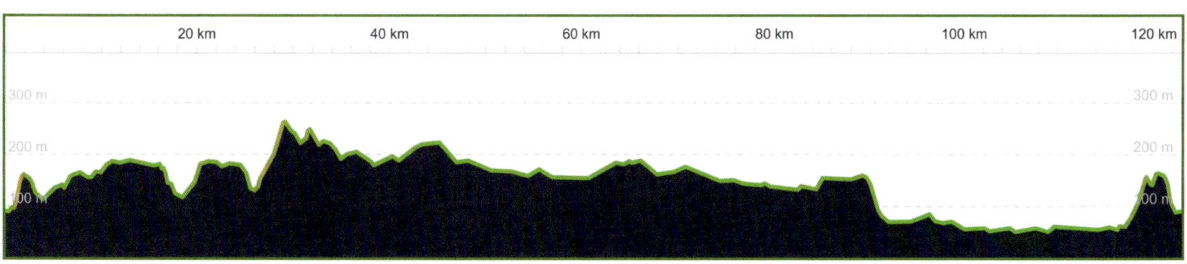

Bochum, doch eine Schönheit

Bahngeschichte(n)

Bahngeschichte(n) kompakt

Start und Ziel: Jahrhunderthalle Bochum
Gesamtstrecke: 33 km
Fahrzeit: ca. 3 Stunden
Höhenmeter: 230
Schwierigkeit: leicht

Anreise
Mit der Bahn fährt man bis zum Bochumer Hauptbahnhof, von dort ist die Jahrhunderthalle in zehn Radminuten erreicht. www.bahn.de

Der Radweg
Die Rundtour startet und endet im Westpark an der Jahrhunderthalle. Hier fährt man auf die Erzbahnschwinge auf, radelt auf der Erzbahntrasse und der Kray-Wanner-Bahn Richtung Ruhrtal und zurück über die großartige Springorum-Trasse. Gute Orientierung bietet das Knotenpunktsystem, man folgt den Knotenpunkten 29, 47, 46, 48, 49, 50, 28, 21, HBF, 77, 29.
Bei der Ruhr Tourismus GmbH gibt es Prospekte und eine Karte: www.radrevier.ruhr

Einkehr
Holgers Erzbahn-Bude: Am bunt besprühten Erzbahnbunker bietet der kleine Biergarten Radfahrern einen beliebten Treffpunkt. Limos, Bier, Kaffee und Snacks sind im Angebot – und eine Auswahl an Radwerkzeugen! Holgers Erzbahnbude hat eine Facebookseite.
Liebert's im Kümmel Kopp, Bochum-Wattenscheid: In der gemütlichen Gaststube oder im hellen Café genießt man nach Lust und Laune ein kühles Fiege-Pils, Cappuccino, Waffeln mit heißen Kirschen, Kuchen oder Speckpfannkuchen. www.lieberts-im-kuemmel-kopp.de
Oktober Café in Bochum: In der Nähe des Bochumer Rathauses werden hier leckere Kuchen, Zimtschnecken, Müslis und Herzhaftes serviert, alles aus Bio-Zutaten und fair produziert. www.oktober.cafe

Buchtipp
Sehr gute Orientierung bietet das Tourenheft RevierRouten, das man auf radrevier.ruhr bestellen kann.
www.radrevier.ruhr/188-2/orientierung/

Allgemeine Auskunft
Ruhr Tourismus GmbH (RTG)
Centroallee 261
46047 Oberhausen
www.ruhr-tourismus.de
Telefon: 0 18 06 / 18 16 30
(€ 0,20 pro Anruf aus dem deutschen Festnetz; Mobilfunkpreise max. € 0,60 pro Anruf)

Schwungvoll verbindet die Erzbahnschwinge den Westpark
mit der bei Radfahrern sehr beliebten Erzbahntrasse.

„Du bist keine Schönheit", besingt Herbert Grönemeyer seine Heimatstadt. Diese Tour über Bahntrassen, an Sehenswürdigkeiten vorbei und durch viel Grün gibt sich alle Mühe, das Gegenteil zu beweisen. „Bochum, du bist eine Schönheit", summt man am Ende.

Das Ruhrgebiet ist eine wahre Wundertüte, wenn es um überraschende Radtouren geht. Eine besondere Rolle spielen dabei die ehemaligen Bahntrassen, die in der Zeit der Industrialisierung die wichtigsten Verbindungen zum Transport von Kohle, Stahl und Produkten waren. Dank guter Stadtplanung wurden einige dieser zwischenzeitlich stillgelegten Trassen aus dem Dornröschenschlaf geweckt und in märchenhaft gute Radwege umgewandelt. Die „Bahngeschichte(n)"-Tour führt auf ebensolchen Trassen steigungsarm von einer Sehenswürdigkeit zur nächsten. Und da diese ebenfalls mit der industriellen Geschichte und jeder Menge Eisenbahnhistorie verbunden sind, schließt sich der Kreis.

Diese Rundtour bietet dabei eines der Highlights des Radreviers Ruhr. Nicht nur die Form der Tour auf einer Karte ist eine runde Sache, auch das Tourenerlebnis selbst lässt Radlerherzen höherschlagen.

Elegant, eleganter, Erzbahnschwinge

Allein der Startpunkt an der imposanten **Jahrhunderthalle**, die eingebettet im **Westpark** liegt und ein Ankerpunkt auf der Route der Industriekultur ist, ist

Das Westpark-Gelände ist abwechslungsreich, weitläufig und bietet viel Platz für Radler und Spaziergänger.

schon ein Highlight. Dann geht es nahtlos weiter über die famose **Erzbahnschwinge**, eine Brücke, die ihres gleichen sucht, auf die Erzbahntrasse. Die doppelt gekrümmte Hängebrücke führt Radfahrer und Fußgänger in beeindruckender Höhe elegant über ein Gewirr aus Gleisanlagen und Straßen hinweg. Die S-förmige Brücke wurde vom Regionalverband Ruhr in Auftrag gegeben und vom Architekten Jürgen Schlaich realisiert. Mit ihren Stahlseilen und der Aufhängung an geneigten Strahlträgern ist sie ein beliebtes Fotomotiv.

Auf der Erzbahntrasse genießt man dann Fahrspaß fernab des Autoverkehrs und gleitet so durch die Glückauf-Siedlung, vorbei an der ehemaligen Zeche Carolinenglück, dem Modellflugplatz der Modellfluggemeinschaft Otto Lilienthal und durch das 3,7 Hektar große Naturschutzgebiet Blumenkamp. Dieses Feuchtgebiet ist durch Bergsenkung entstanden und bildet in diesem ansonsten dicht besiedelten Gebiet einen wichtigen Lebensraum für viele Pflanzen- und Tierarten. Immer wieder stehen entlang der Erzbahntrasse Schilder der Route Industriekultur, die in Wort und Bild besondere Orte und ihre Geschichte näher beleuchten. Der Bahntrassenradweg verläuft nahezu kreuzungsfrei und sehr steigungsarm. Deshalb ist er auch bei Familien sehr beliebt. Und die zahlreichen unterschiedlichen Brücken sorgen unterwegs für Kurzweil.

Bei Tag und Nacht schön: die Halde Rheinelbe mit ihrer „Himmelsleiter" – auch Schauplatz für Filmaufnahmen.

Auf ein Pilsken bei Holger

Schließlich knickt unsere Route scharf nach links ab. An dieser Kreuzung trifft man auf einen weiteren Bahntrassenradweg und die legendäre Pommesbude **Holgers Erzbahnbude**, die unbedingt für einen Pausenstopp genutzt werden sollte. Rund um den bunt besprayten Ein-Mann-Bunker kann man bei einem frischen „Pilsken" oder „Pommes Schranke" (Pommes mit Ketchup und Mayonnaise) an den Bierzeltgarnituren Platz nehmen für einen netten Austausch mit gleichgesinnten Radfahrern. Der zylindrische Miniatur-Bunker sollte unbedingt ebenfalls angeschaut werden. In den im Volksmund auch „Eierbunker" genannten winzig kleinen Splitterschutzzellen konnten die Lokführer der Erzbahn im Zweiten Weltkrieg bei Luftangriffen Schutz suchen. Sicher nichts für Klaustrophobiker!

Von diesem nördlichsten Punkt der Route geht es nun in südwestlicher Richtung auf der Kray-Wanner-Bahn, ebenfalls eine ehemalige Bahntrasse, die in einen wunderbaren Radweg umgestaltet wurde, Richtung Gelsenkirchen. Wenn links und rechts des Weges interessante Skulpturen auftauchen, gilt es, langsam abzubremsen. Der Skulpturenwald und auch die **Halde Rheinelbe** mit der futuristischen Himmelstreppe sind absolut sehenswert.

Die Auffahrt auf die Halde kann man per Rad absolvieren (rund 100 Höhenmeter) oder die Räder unten anschließen und hochwandern. Der Weg zieht sich schneckenförmig bis zum kahlen Gipfel der Halde. Oben bieten die Skulptur und der 360-Grad-Panoramablick über das Ruhrgebiet tolle Fotomotive. Mit der Himmelstreppe erschuf der Künstler Herman Prigrann einen zehn Meter hohen Bau aus massiven Betonblöcken, die Abfallprodukt des industriellen Zeitalters sind. Die Interpretation überlässt der Künstler dabei dem Betrachter. Die Infotafel am Fuße der Halde bietet eine Interpretationsmöglichkeit an: Wenn der Mensch zu weit hinaufwill, kann er herabstürzen.

Vom Plateau der Halde eröffnet sich ein weites Ruhrgebietspanorama mit der Veltins Arena, der Schurenbachhalde mit Richard Serras Bramme, der Halde Hoheward mit dem Horizontalobservatorium

Super Radbedingungen auf der Springorum-Trasse (l.);
der Westpark fasziniert mit Historischem und Modernem (r.).

auf ihrer Spitze, dem Fördergerüst des Deutschen Bergbau-Museums und der zum UNESCO-Welterbe zählenden Zeche Zollverein.

Von nun an führt die Radroute gen Süden zum Ruhrufer. Bevor wir dann an der Ruhr nach links abzweigen, bietet sich ein kurzer Abstecher zum Besuch des **Eisenbahnmuseums** in Bochum-Dahlhausen an. Auf dem weitläufigen Gelände des größten privaten Eisenbahnmuseums Deutschlands kann man über 120 Schienenfahrzeuge entdecken. Das älteste Exemplar ist dabei aus dem Jahr 1859, und die modernsten Ausstellungsstücke stammen aus der Gegenwart. Der Ringklokschuppen, die große Drehscheibe sowie Sonderfahrten mit dampfenden Schienenrössern begeistern kleine und große Technikfans gleichermaßen.

Springorum-Trasse – Spitzenklasse!

Nach ein paar Radmetern parallel zum Ufer der Ruhr fährt man dann auf das Paradestück der Rundtour auf, die Springorum-Trasse.

Hier kommen Genussradler genauso wie Touren- und Rennradfahrer in den Genuss von makellosem Radvergnügen. Die Reifen surren über den glatten Asphalt, und es stellt sich bald das Gefühl ein, mit seinem Drahtesel eins zu sein, zu verschmelzen. Denn dieser rund elf Kilometer lange Radweg verläuft, wie die beiden vorherigen, auf einer ehemaligen Bahntrasse. Ohne mühsame Anstiege, bestens asphaltiert und fast durchgehend beleuchtet, lässt es sich hier nach Herzenslust sausen. Dank einiger

Tunnel und Brücken vermeidet man den Kontakt zum Autoverkehr größtenteils. Kleinere Abstecher führen zu Sehenswürdigkeiten wie dem Geologischen Garten oder dem Haus Weitmar. Wer sich für Architektur interessiert, schaut sich vielleicht das „Exzenterhaus“ an der Universitätsstraße an, das ebenfalls einen Abstecher wert ist. Die ungewöhnliche Hülle des Bürogebäudes entstand, als man einen 1942 erbauten siebengeschossigen Luftschutzbunker umbaute.

Chillen im Westpark

Nach dem Fahrvergnügen auf elf Kilometern Springorum-Trasse geht es in einer weiten Linkskurve zum Bochumer Hauptbahnhof und am Bochumer Rathaus vorbei, entlang der Alleestraße, bevor man rechts wieder auf das Gelände des Westparks einfährt.

Wieder am Ausgangsort angekommen, sollte man es nicht versäumen, diesen Park bei einem Rundgang zu erkunden. Auf dem rund 35 Hektar gro-

Studenten genießen den Westpark als grünes Wohnzimmer (l.); das Kunstwerk ist Mittelpunkt des Geländes (r.).

Sehenswert

Eisenbahnmuseum Bochum
Eisenbahnfans und Nostalgiker werden sich hier wie im siebten Himmel fühlen. Zu bestaunen gibt es neben zahlreichen historischen Loks wie der Preußischen P 8 oder dem Wismarer Schienenbus T 2 auch einen Lokomotivschuppen mit einer 20-Meter-Drehscheibe, Werkstätten und eine betriebsfähige 600-mm-Feldbahn.
https://eisenbahnmuseum-bochum.de

Schlosspark Weitmar
Der Schlosspark Weitmar lädt zu einem Rundgang durch den Skulpturenpark ein. Die Ruine des Hauses Weitmar aus dem Jahre 1592 ist außergewöhnlich: In die Überreste der alten Ruhrsandstein-Mauern wurde nämlich ein spektakulärer, moderner Kubus gesetzt. Umrahmt wird das besondere Ensemble von einem Wassergraben.
www.bochum-tourismus.de/bochum-entdecken/parks-und-gaerten/schlosspark-weitmar

Jahrhunderthalle Bochum
Die 1902 erbaute ehemalige Gebläsemaschinenhalle wird heute für Veranstaltungen genutzt. Wer mehr über die Geschichte lernen möchte, der kann sich die kostenfreie App „Perspektivwechsel“ auf das Handy laden. Der Audioguide führt auf einer vier Kilometer langen Runde über das Gelände und gibt lehrreiche Einblicke in die Vergangenheit.
www.jahrhunderthalle-bochum.de

ßen Gelände des ehemaligen Stahlwerkes Bochumer Verein wurde auf drei Ebenen eine einzigartige Parklandschaft angelegt. Riesige Rohre und Wasserwege durchkreuzen das Gelände hinter der denkmalgeschützten Jahrhunderthalle. Im Sommer nutzen Studenten den Park zum Grillen und Chillen. Und in den Abendstunden verleiht das stimmungsvolle Beleuchtungskonzept dem Westpark einen besonderen Reiz.

Mittelpunkt des modernen Parks ist die riesige Kunstinstallation des Amerikaners Olu Oguibe. Er deutete ein auf dem Gelände befindliches Objekt um, indem er in großen silbernen Lettern einen Appell an die Jugend aller Nationen anbrachte. Dabei wählte er gleich drei unterschiedliche Sprachen für seinen Aufruf, friedlich zusammenzuleben und die Natur zu bewahren. Der Appell ist in deutscher und englischer Sprache und Romani aufgebracht. Auch die sieben kunterbunten Stahlskulpturen im nahe gelegenen „Colosseum“ von Künstler Friedrich Gräsel sowie das haushohe Wandgemälde sind echte Hingucker.

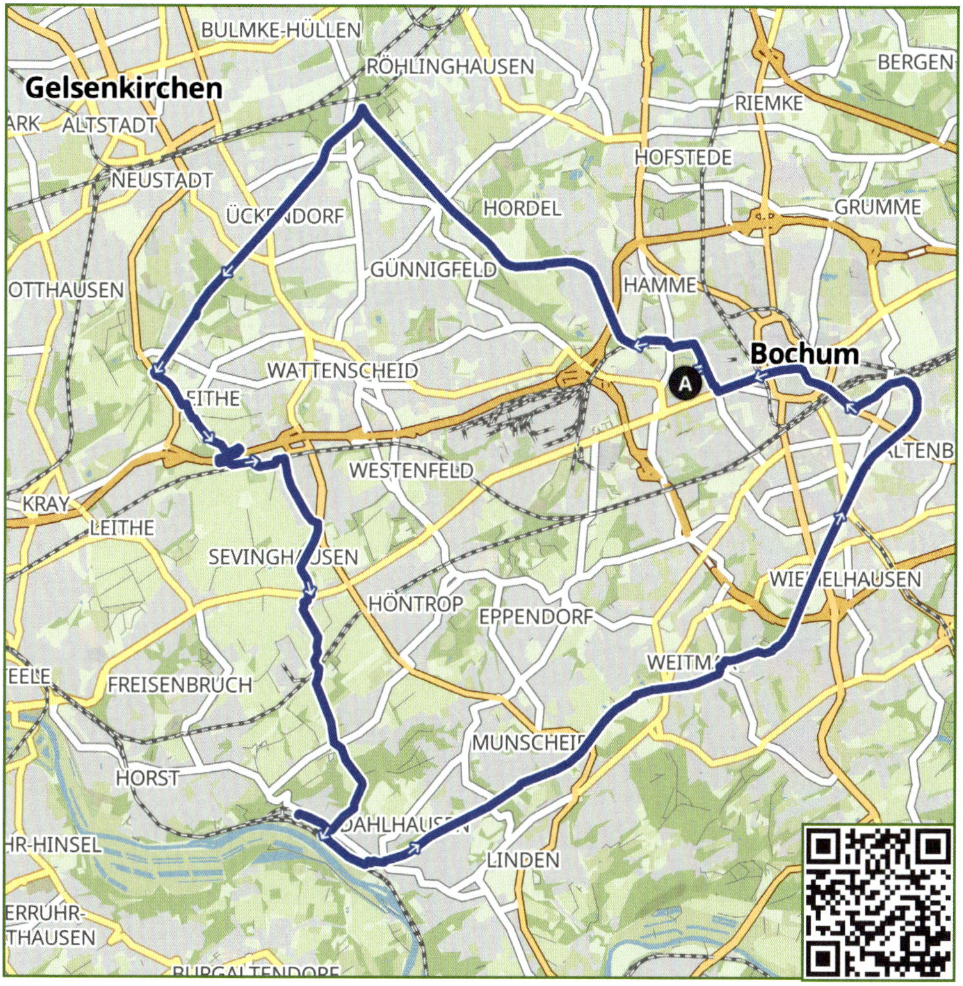

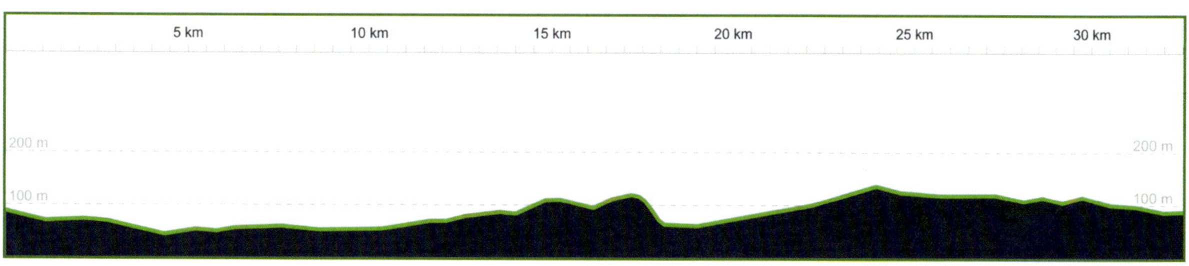

Vom Weberstädtchen ins Panoramaland

Der Panoramaradweg Niederbergbahn

Panoramaradweg Niederbergbahn kompakt

Start: Essen-Kettwig
Ziel: Haan
Gesamtstrecke: 35 km
Fahrzeit: 3 Stunden
Höhenmeter: 450
Schwierigkeit: mittel

Anreise
Mit der Bahn fährt man bis zur Haltestelle Kettwig Stausee. www.bahn.de

Der Radweg
Ordentlich bergauf schnaufen heißt es auf dem ersten Stück des Panoramaradwegs – bekanntlich hat der liebe Gott die Mühen vor den Genuss gesetzt. Unterwegs genießt man schöne Blicke über Hügellandschaften. Autofrei radelt es sich über ehemalige Bahntrassen. Brücken, Museen und Cafés sorgen für Kurzweil und Stärkung. Prospekte und Karten kann man hier herunterladen oder kostenfrei ordern: www.panoramaradweg-niederbergbahn.de

Einkehr
Lavendel im Brückencafé, Kettwig: Direkt am malerischen Kettwiger Mühlengraben, feine Auswahl an Kuchen und auch deftigen Kleinigkeiten. www.lavendel-im-brueckencafe.eatbu.com
Hofcafé Abtsküche: Hausgemachte Kuchen und Torten genießt man am Abtskücher Stauteich und dem „Rapunzel-Turm“. www.hofcafe-abtskueche.de
Kutscherstuben Wülfrath : Sie möchten wissen, was Bergische Pillekuchen sind? Auf in die Wülfrather Kutscherstuben! www.kutscherstuben-wuelfrath.de

Buchtipp
Sehr gute Orientierung bietet das Buch „ADFC-Radausflugsführer Bergische Bahntrassen“, BVA BikeMedia Verlag, ISBN 978-3-87073-965-2.

Allgemeine Auskunft
Neanderland / Kreis Mettmann
Amt für Kultur und Tourismus
Goldberger Str. 30
40822 Mettmann
Telefon: 0 21 04 / 99 11 99
www.panoramaradweg-niederbergbahn.de

Nomen est Omen: „Panoramabahn"! Wer hier hinaufgeradelt ist, wird mit einer fantastischen Aussicht belohnt.

Beste Ausblicke über hügeliges Gelände genießt man auf dieser Tour genauso wie ein leckeres Frühstück im Brückencafé und köstliche Torten im Hofcafé Abtsküche. Es geht über denkmalgeschützte Viadukte und Deutschlands einzige Waggonbrücke.

Wenn es sich beim Ausgansort einer Radtour um so ein hübsches Fleckchen Erde wie Kettwig handelt, dann muss man vor Tourenstart ein wenig Zeit einplanen.

Erst einmal Kettwig genießen

Vom Ruhrufer aus geht es zur federleicht wirkenden Skulptur „Das Tuch", das an Kettwigs Vergangenheit als „Weberstädtchen" mit reger Textilwirtschaft ab dem 16. Jahrhundert erinnert. Über eine idyllische Natursteinbrücke geht es über den Mühlengraben – schon hier wirkt der Zauber der Kettwiger Altstadt. Gleich links liegt das einladende Brückencafé, in dem man hervorragend ein ausgiebiges Sportlerfrühstück genießen kann.

Weiter geht es treppauf oder über verwinkelte Gassen zur **Kirche am Markt**, die hier im wahrsten Sinne des Wortes den Höhepunkt bildet. Als flächenmäßig größter und wohl auch hübschester Stadtteil von Essen hat Kettwig aber noch weitere Sehenswürdigkeiten zu bieten.

Neben dem Rathaus, in dem sich auch das Stadtmuseum befindet, sind auch **Schloss Hugen-**

Es geht über die einzige Waggonbrücke Deutschlands (l.o.) zu Kirchlein (l.u.) und herrlichen Landstrichen.

poet und Schloss Landsberg am anderen Ruhrufer sehenswert. Das romantische Schloss Landsberg ist in einen englischen Landschaftspark eingebettet, und das angrenzende Waldgebiet lädt zu einem kleinen Rundgang ein. Errichtet wurde es von Graf Adolph V. von Berg im Jahr 1276, der Großindustrielle August Thyssen ließ das Schloss ab 1903 zu einem repräsentativen Wohnsitz umbauen. Im benachbarten Schloss Hugenpoet ist ein sehr schickes Hotel mit Bistro und Restaurant untergebracht, dass sich für Radfahrer mit einem Hang zum Luxus als Herberge hervorragend eignet.

Auch die vielen Fachwerkhäuser in den Altstadtgassen sind ein Hingucker. Sie sind zum Glück erhalten geblieben, weil Kettwig von den Bombardements im Zweiten Weltkrieg weitestgehend verschont blieb.

Aber genug gebummelt. Nun lässt man das ehemalige Weberstädtchen im Rücken liegen, überquert die Ruhr und hat bald eine kleine Herausforderung zu meistern: Die Auffahrt auf die Panoramabahntrasse ist eine steile Angelegenheit. Oben angekommen belohnt die fantastische Aussicht vom hohen **Brückenviadukt** für die vorangegangenen Mühen.

Willkommen auf dem Panoramaradweg Niederbergbahn! Welche erstaunliche Wandlung diese ehemalige Bahntrasse hin zu einem traumhaften Radweg durchlaufen hat! 1926 eröffnet, verband die Niederbergbahn die Städte Essen-Kettwig, Heiligenhaus, Velbert, Wülfrath und Oberdüssel. Weil der Personenverkehr keinen Gewinn einbrachte, stellte man diesen 1960 ein. Der Güterverkehr wurde noch bis 1996 fortgeführt, und ein Großteil der Strecke verfiel in einen Dornröschenschlaf. Findige Planer erweckten die Trasse jedoch und bauten sie zu einer äußerst attraktiven Rad- und Spazierroute aus. Seit der Eröffnung dieser Freizeittrasse 2011 nutzen frohgelaunte Radler, Jogger und Spaziergänger diese autofreie Strecke zur Naherholung. Sie führt über zahlreiche Viadukte, die unter Denkmalschutz stehen, schöne Weitblicke ermöglichen und auch ein-

In der Aprather Mühle kann man gemütlich stöbern und leckeren Kaffee kaufen.

drucksvolle Zeugnisse der Ingenieurskunst des letzten Jahrhunderts sind.

Verdammt weit oben

Nachdem wir zunächst das Viadukt an der Ruhrtalstraße Nord passiert haben, passieren wir dann das Viadukt Ruhrtalstraße Süd und dann, immer mit einer kleinen, aber feinen Steigung unter den Reifen, die einzige **Waggonbrücke** Deutschlands. Wer flott unterwegs ist, kann diese Besonderheit leicht verpassen, am besten, man hält gezielt Ausschau nach der Infotafel.

Sie ist die erste Brücke ihrer Art in Deutschland. Errichtet wurde sie im Jahr 2009, führt über die Bahnhofstraße und wurde aus einem ehemaligen Eisenbahnwagen, einem vierachsigen Drehgestell-Flachwagen der Deutschen Bahn hergestellt – wohl als Reminiszenz an die Eisenbahnhistorie dieser Trasse. Der Ingenieur Ulrich Diehl hatte die Idee zu diesem Recycling der besonderen Art. Würde es nach ihm gehen, so würde man weitere Brücken gleicher Art bauen. Wer aus dem Sattel steigt und die besondere Brücke genauer in Augenschein nimmt, der entdeckt schnell, dass alle technischen Einrichtungen wie die Puffer, die Räder, die Markierungen und das Bremssystem mit in die Brücke verbaut wurden und durch Sichtgitter zu erkennen sind. Das alles, so der Arnsberger Diehl, damit man auch merkt, dass man hier über einen Waggon rollt.

Brutalismus mit Rosenflair

Zwischen Heiligenhaus und Velbert lohnt ein Abstecher zur **Abtsküche** mit Teich, Museum und Hofcafé. Einen Pausenstopp ist auch die Kult-Kaffeerösterei unbedingt wert. Hier gibt es nachhaltigen Kaffeegenuss. Alternativ kann man an der Autowaschanlage mit der originellen Wandgestaltung (es wurden der Längen- und Breitengrad hübsch aufgepinselt – ein cooles Fotomotiv!) auf der Dachterrasse auch in ein

Sehenswert

MuseumsLandschaft Abtsküche
Egal, ob Umweltbildungszentrum mit vogelkundlicher Sammlung, Feuerwehrmuseum, Wald- und Wassermuseum, das Museum Abtsküche – der Eintritt ist immer frei, da die Ausstellungen von Ehrenamtlichen betreut werden. Der Abtskücher Teich ist ein beliebtes Naherholungsgebiet, das Hofcafé hat Kultstatus.
www.museumslandschaft-abtskueche.de

Zeittunnel Wülfrath
An einem ungewöhnlichen Ort, nämlich in einem alten Abbautunnel eines stillgelegten Kalksteinbruchs, kann man durch 400 Millionen Jahre Erdgeschichte spazieren. Dunkle Tunnelabschnitte wechseln sich mit farbigen „Zeitfenstern" ab. Auf dem naturkundlichen und industriegeschichtlichen Lehrpfad kann man außerdem den Steinbruch Schlupkothen umrunden.
https://zeittunnel.com

Mariendom
In Velbert-Neviges steht der Mariendom, eine Wallfahrtsstätte. Von Gottfried Böhm geplant, ist sie die zweitgrößte Kirche im Erzbistum Köln. Die Gestaltung ging vom Innenraum aus. Der brutalistische Bau ist nicht unumstritten. Ziel der Wallfahrten, die bereits seit dem Jahr 1681 stattfinden, ist ein Gnadenbild der unbefleckten Empfängnis.
www.mariendom.de

Café einkehren. Bis zur Saubrücke in Heiligenhaus zieht sich die Steigung kontinuierlich weiter, ab Höhe des Zeittunnels Wülfrath geht's zum Glück wieder bergab. In Velbert bietet sich ein Abstecher von der Trasse hinunter und zur Wallfahrtskirche Mariendom im Stadtteil Neviges an. Hier steht im Pilgerhaus Neviges auch eine einfache, kostengünstige Übernachtungsmöglichkeit zur Verfügung. Die vom Brutalismus geprägte Außenwirkung der Kirche steht im krassen Gegensatz zu den Innenräumen – zum Beispiel dem herrlichen Rosenfenster. Daneben bei Besuchern in Velbert beliebt: das Deutsche Schloss- und Beschlägemuseum. Eine interaktive Ausstellung und über 1.000 Ausstellungsstücke klären über die Kunst des eisernen Handwerks auf.

Kaffeegenuss am Mühlenteich

Über die wunderbar befahrbare, autofreie Radtrasse gelangt man dann entspannt nach Wülfrath. Am Hofladen der **Aprather Mühle** bietet sich ein weiterer Radstopp an. Auf Bänken genießt man mit Blick auf den Mühlenteich leckeren Kaffee und Köstlichkeiten aus dem Hofladen, der in einem denkmalgeschützten Gebäude untergebracht ist. Wer Platz in den Radtaschen hat, kann sich hier mit regionalen Erzeugnissen wie Obst, Honig und Co. eindecken.

Bergische Kaffeetafel mit Dröppelminna

Im Niederbergischen Museum in Wülfrath kann man sich über die Lebens- und Arbeitswelten des 19. Jahrhunderts im Niederbergischen Raum informieren. Besonderer Beliebtheit erfreut sich die Möglichkeit, an einer echten Bergischen Kaffeetafel teilzunehmen. Hierzu gehören neben Rosinenstuten auch deftiges Schwarzbrot, Sirup, Milchreis mit Kompott und natürlich Kaffee aus der berühmten Dröppelminna, wie die traditionsreiche Kaffeekanne genannt wird.

Ziel der Radtour ist dann die Gartenstadt Haan. Das historische Dorf Gruiten, ein Stadtteil von Haan, ist bekannt für seine denkmalgeschützten und gut erhaltenen Fachwerk- und Schieferhäuser. Nach dem Bahnhof Gruiten geht es noch einmal ein wenig bergan, bevor unsere schöne Trassentour endet.

Für diejenigen, die Lust haben, noch weiter in die Pedale zu treten: Der Panoramaradweg Niederbergbahn hat einen Anschluss an das Netz der Bergischen Panoramaradwege, von wo aus man weiter „einfach bergisch radeln kann" – und das für 220 weitere Kilometer!

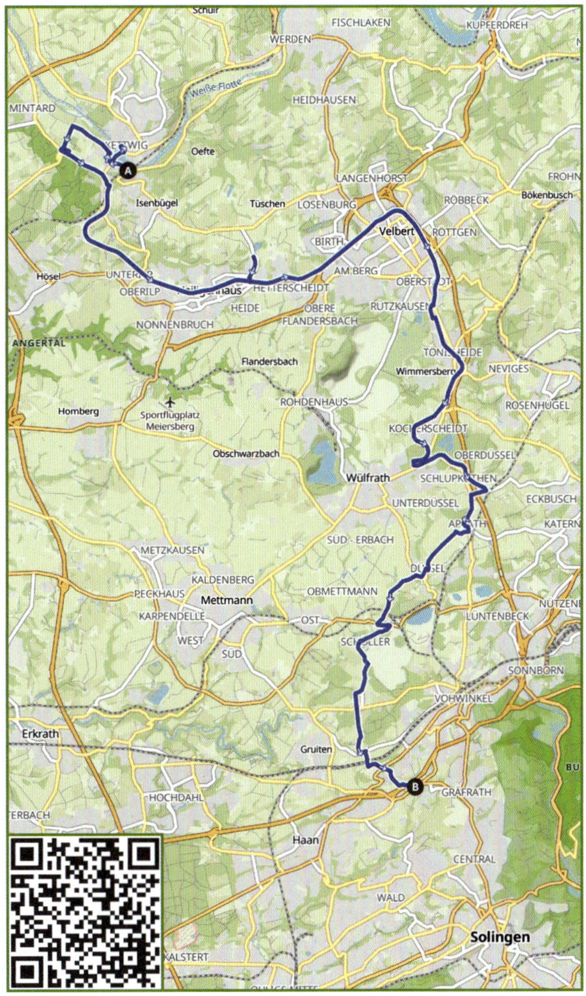

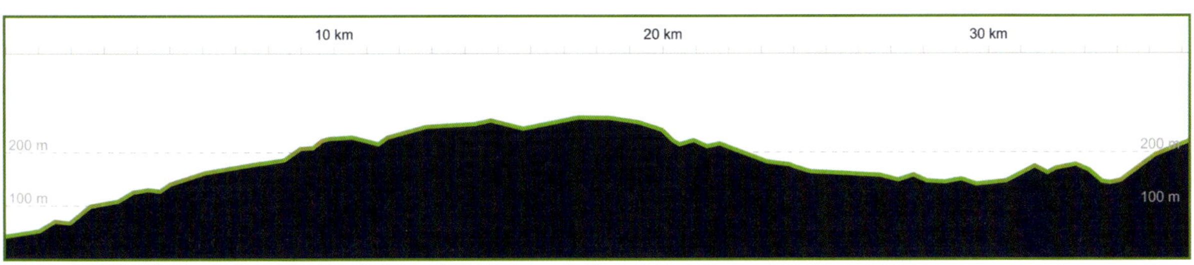

Bahntrassenradeln mit bester Aussicht

Der Panoramaradweg Balkantrasse

Panoramaradweg Balkantrasse kompakt

Start: Wuppertal-Oberbarmen
Ziel: Leverkusen-Rheindorf
Gesamtstrecke: 51 km
Fahrzeit: 3,5 Stunden
Höhenmeter: 285
Schwierigkeit: mittel

Anreise

Mit der Bahn fährt man bis zum Startpunkt in Wuppertal-Oberbarmen. www.bahn.de

Der Radweg

Sportliche Radfahrer werden die gesamte Balkantrasse gut an einem Tag bewältigen können, Familien und Genussradler nehmen sich vielleicht nur einen Teil der Tour vor. Gut beschildert führt der Weg in weiten Teilen über ehemalige Bahntrassen durch herrlich abwechslungsreiche Gegenden.
Beim Bergisches Land Tourismus Marketing e. V. und bei den Touristeninformationen am Weg gibt es kostenfreie Prospekte und Kartenmaterial. Weitere Informationen unter: www.bergisch-mal-drei.de

Einkehr

Rotationscafé, Remscheid-Lennep: In der wunderschönen Lenneper Altstadt genießt man hervorragende Kaffeespezialitäten und hausgemachte Kuchen und Torten in liebevollem Ambiente. www.rotationscafe.de
Eiscafé Cordella, Wermelskirchen: In Wermelskirchen kredenzt Giorgio Barazzuol köstliche Eiskreationen. https://eiscafe-cordella.de
Wild, Wermelskirchen: Torten und Trüffel zum Verlieben in Wermelskirchen, und mittags auch eine kleine Auswahl an herzhaften Gerichten. https://echt-wild.de

Buchtipp

Gute Orientierung bietet der „ADFC-Radausflugsführer Bergische Bahntrassen", BVA BikeMedia Verlag, ISBN 978-3-87073-965-2.

Allgemeine Auskunft

Naturarena Bergisches Land GmbH
Bergisches Haus
Friedrich-Ebert-Straße 75
51429 Bergisch Gladbach
Telefon-Hotline: 02 12 / 8 81 60 69 99
https://einfach-bergisch-radeln.de

Durch das Marscheider Tal radelt es sich zauberhaft: kurvenreich, sanfte Hügel, dazu das Plätschern des Bachs.

Wo bis in die 1980er Jahre Züge ratterten, kann man heute ganz bequem radeln. Von der Bahntrasse genießt man einzigartige Weitblicke über das städtische Häusermeer und Wiesen und kann das Bergische Land ohne größere Steigungen erleben.

Ungestörtes Radvergnügen auf top-asphaltierter Strecke und moderate Steigungen sind, was Radlerherzen lieben. Viadukte, Tunnel, Kurven und links und rechts des Weges leckere Köstlichkeiten der Region und interessante Sehenswürdigkeiten krönen das Fahrvergnügen noch zusätzlich. Auch Relikte aus der Eisenbahnzeit wie alte Kilometer-Steine und Bahnhofsgebäude sorgen für Abwechslung. Die Balkantrasse hat das alles im Angebot!

Das Einzige, was fehlt, ist eine griffige Begründung, wie es zu diesem etwas kurios klingendem Namen kam. Fest steht, dass der Volksmund die Schienenbusse auf dieser Strecke zwischen Opladen und Remscheid wohl „Balkanexpress“ nannte. Vermutlich in Anspielung darauf, dass diese Bahnlinie durch dünn besiedeltes Gebiet führte. Und „Express“ ist wohl eine ironische Anspielung auf die Tatsache, dass die 70 Stundenkilometer Fahrtgeschwindigkeit wohl nie überschritten wurden. Und wo wir schon beim Thema Namens-Herleitung sind: Das Bergische Land ist zwar bergig, hat seinen Namen aber tatsächlich von der Dynastie „von Berg“ erhalten.

Die historische Bahnlinie, die das namensgebende Kernstück der hier vorgestellten Tour ist, führt

In Remscheid-Lennep stehen 116 Häuser unter Denkmalschutz, darunter viel Bergischer Barock.

meist abseits von Hauptverkehrsstraßen über 28 Kilometer durch die Ortschaften Bergisch Neukirchen, Burscheid, Wermelskirchen und Bergisch Born, bis schließlich Remscheid-Lennep erreicht ist.

Auf dieser ursprünglich für Schienenfahrzeuge konzipierten Strecke genießen Radfahrer heute die Tatsache, dass nur eine sanfte Steigung bewältigt werden muss. Mit dem Leverkusener Teilstück, das rund sechs Kilometer lang ist, ergibt sich ein praktischer Lückenschluss für Radwanderer zum Rheinradweg.

Ab dem 15. Mai 1876 schnauften an der Stelle, wo heute Radler und Spaziergänger ihre Freizeit genießen, sowohl Personen- als auch Güterverkehr. Der Güterverkehr übertraf dabei die Erwartungen, während der Personenverkehr ein wenig schwächelte. Die Personenbeförderung wurde schließlich 1983 eingestellt. Nachdem eine Reaktivierung der Bahnstrecke verworfen wurde, baute man sie schließlich 2010 zum Rad- und Fußweg um. Der „Panoramaradweg Balkantrasse“ konnte mit Mitteln des Förderprogramms Alleenradwege NRW und Eigenanteilen der anliegenden Städte aus der Taufe gehoben werden. Um den letzten Abschnitt zu realisieren, gründete sich der „Verein der Freunde und Förderer der Balkantrasse Leverkusen e. V.“, um den Eigenanteil der Stadt Leverkusen zu stellen. Bis heute sorgt der Verein für die Sicherung der Brücken, den Grünschnitt und für die „Möblierung“ durch Bänke und Picknickplätze. Neue Förderer, aktive oder passive Mitglieder sind deshalb willkommen (Jahresbeitrag 12 Euro).

Über den Dächern der Stadt

Der Startpunkt des Panoramaradweges Balkantrasse liegt in Wuppertal-Oberbarmen an der Langobardenstraße. Wer möchte, kann hier direkt auf die Schwarzbachtrasse auffahren. Vom Schwarzbach-Viadukt bietet sich aus erstaunlicher Höhe zu beiden Seiten ein phantastischer Weitblick über die Dächer des Häusermeers.

Im Röntgen-Museum erfährt man viel Wissenswertes über den 1845 in Lennep geborenen Nobelpreisträger.

Kulturellen Appetit? Dann lohnt in Wuppertal ein Besuch von **Bandweberei und Museum Kafka** gleich zu Beginn der Radtour. Hier kann man an historischen Webstühlen zusehen, wie Bänder in wunderbaren Farben und unzähligen Mustern entstehen.

Zauberhaft am Bach entlang

Nachdem man ein Stück parallel zur Wupper gefahren ist, zweigt der Panoramaradweg nach rechts in den Staatsforst Marscheider Wald ab. Nach dem städtischen Treiben erwartet Radfahrer hier nun eines der lauschigsten Radstücke im ganzen Land. Entlang des Marscheider Baches folgt ein so unglaublich schöner Abschnitt, dass selbst erfahrene Tourenradler dahinschmelzen dürften. Sanftes Auf und Ab, kurvige Streckenführung, keine Autos weit und breit, und der sanft dahinfließende Wasserlauf zum Greifen nah.

Durch das Marscheider Bachtal kann man ungestört rollen lassen und das Plätschern des dahinmäandernden Baches genießen. Sanfte Hügel und langgezogene Kurven laden zum Tagträumen im Sattel ein. Links und rechts entfalten sich Mischwald und hügelige Weiden, kleine Fachwerkhäuser verleihen der Umgebung zusätzlich märchenhaften Charme.

Das erste Etappenziel ist Remscheid-Lüttringhausen, dessen Bahnhof auf 309 Meter über Null liegt. Auf den ersten zwölf Kilometern gilt es also,

Fachwerkromantik und dichte Waldabschnitte machen die Balkantrasse so besonders.

einen Höhenunterschied von rund 120 Metern mit der Pedalkraft zu meistern. Fast ebenerdig kommt man dann nach guten 16 Kilometern nach Remscheid-Lennep mit seinem hübschen Altstädtchen, nachdem es durch Orte mit so klingenden Namen wie Mittelgarschagen, Obergarschagen und Blume ging.

Himbeertörtchen im hübschen Örtchen

Im Lennep sollte man ein wenig Zeit für einen Rundgang und eine Kaffeepause im **Rotationscafé** mit seinen hausgemachten Kuchen einplanen. Die Betreiber sind äußerst freundlich. Auch das Auge wird hier verwöhnt, die Kaffeekännchen, die Deko auf dem alten Klavier und die hübschen Verzierungen auf den Himbeertörtchen sind eine wahre Freude. Frisch gestärkt sind es nur ein paar Schritte zum stattlichen Schieferhaus mit seinen grünen Fensterläden, in dem das **Röntgen-Museum** untergebracht ist. Der Eingang befindet sich nebenan im modernen Anbau. Die geheimnisvolle Welt der unsichtbaren Strahlen lässt sich hier auf unterhaltsame Art und Weise entdecken. Der weltberühmte Physiker, Entdecker der Röntgenstrahlung und erster deutscher Nobelpreisträger Wilhelm Conrad Röntgen erblickte in Lennep das Licht der Welt. Am Gänsemarkt steht sein **Geburtshaus**, das nach Voranmeldung ebenfalls besucht werden kann.

Wer nach dem Rundgang durch den historischen Stadtkern wieder auf das Rad steigt, der erreicht nach rund fünf Kilometern dann Remscheid-Bergisch Born. Hier kann man auf den Bergischen Panoramaradweg abzweigen. Wer der Balkantrasse treu bleiben möchte, radelt weiter nach Wermelskirchen, das

Was Radlerherzen wünschen: Radeln wie auf Schienen, autofreier Trassengenuss auf ehemaligen Bahnstrecken.

Sehenswert

Skulpturenpark Waldfrieden
In Wuppertal wurde ein einzigartiger Skulpturenpark errichtet. Auf einer Gesamtfläche von 14 Hektar können auf einem Rundgang rund 40 Skulpturen bewundert werden, darunter „Dancing Column" von Tony Cragg. Auch Werke von Künstlern wie Markus Lüpertz, Erwin Wurm und Eva Hild sind zu besichtigen.
https://skulpturenpark-waldfrieden.de

Röntgen-Museum
In Remscheid-Lennep wurde der berühmte Physiker Wilhelm Conrad Röntgen geboren. Heute präsentiert das Röntgen-Museum in einem altbergischen Patrizierhaus das Leben und Wirken des modernen Forschers. Dieses wissenschaftszentrierte Spezialmuseum lädt zum Lernen, Entdecken und kreativen Forschen ein.
https://roentgenmuseum.de

Die Wuppertaler Schwebebahn
Sie ist das Wahrzeichen der Stadt! Eröffnet im Jahr 1901, ist die Hochbahn heute immer noch das Rückgrat des öffentlichen Personennahverkehrs. Eine Rundfahrt über die Wupper und durch die historischen Haltestellen ist ein unvergessliches Erlebnis unter dem Motto: „Einmal im Leben durch Wuppertal schweben."
https://schwebebahn.de

von Schiefer- und Gründerzeitarchitektur geprägt ist. Auch in Wermelskirchen-West hat man Gelegenheit, auf den Bergischen Panoramaradweg abzuzweigen.

„Einfach rollen lassen“ heißt ab Wermelskirchen (313 m) das Motto dieses schönen Radweges, denn bis zum Ziel in Leverkusen-Rheindorf (34 m) geht es nur noch bergab.

Auch in der Kleinstadt Burscheid gibt es einiges zu sehen. Die **Lambertsmühle** ist ein Denkmal-Ensemble rund um eine ehemalige Wassermühle samt Heimatmuseum. Bei Radfahrern besonders beliebt ist das Restaurant im **Alten Bahnhof Burscheid**. Da die Balkantrasse auch gut geeignet ist für Familien, bietet der alte Bahnhof, ganz seinem historischen Erbe treu, „Lilly, die kleine Lokomotive“ und „Jim Knopf“ als Kinderteller an. Aber auch die großen Radler dürften mit der Auswahl an hausgemachten Waffeln, Kuchen, Steaks und Flammkuchen äußerst zufrieden sein. Gleiches gilt wohl für die erfrischenden Fassbiere, die hier im Ausschank sind.

Im weiteren Verlauf der Radtour ist Bergisch Neukirchen zu entdecken, bereits ein Stadtteil von Leverkusen. Hier bietet sich die Gelegenheit, das NaturGut Ophoven zu besuchen. „Forschen, erleben, lernen“ lautet das ambitionierte Ziel dieses Kompetenzzentrums für Umwelt und Klima.

In den Herbstmonaten genießt man im Bergischen Land einen farbenfrohen „Indian Summer“.

Der Radweg zweigt dann nach links ab, um im weiteren Verlauf entlang der Wupper zu verlaufen. Nach Überquerung der Wupper ist das Ziel der Tour Leverkusen-Rheindorf erreicht. Wer noch weiterfahren möchte, findet hier Anschluss an den Rheinradweg.

Bequem im Bus zurück

Übrigens: Sollten die Beine einmal müde sein, kann man in den Bergischen Fahrradbus umsteigen. Dieser verkehrt zwischen Leverkusen-Opladen und Marienheide. Auf dem Panoramaradweg Balkantrasse kann man in Opladen, Burscheid und Wermelskirchen zusteigen. An Samstagen, Sonn- und Feiertagen zwischen den Monaten März und Oktober kann man so die Rückfahrt oder Teilstrecken bequem absolvieren (www.bergischer-fahrradbus.de).

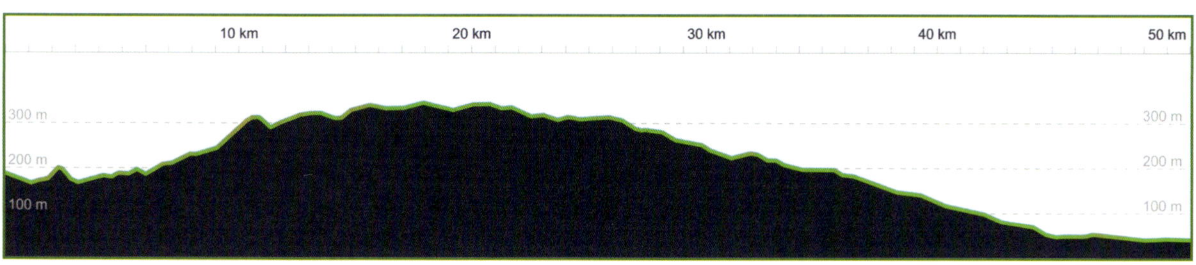

Tierisch schöne Gegend

Die Hohe Mark Radroute

Hohe Mark Radroute kompakt

Start und Ziel: Borken
Gesamtstrecke: 283 km
Fahrzeit: 5–10 Tagesetappen
Höhenmeter: 890
Schwierigkeit: leicht

Anreise
Mit der Bahn fährt man bis zum Bahnhof in Borken, von da aus ist die Hohe Mark Radroute in fünf Radminuten erreicht. www.bahn.de

Der Radweg
Der ADFC zeichnete die Hohe Mark Radroute mit vier Sternen als Qualitätsradweg aus, entsprechend hoch ist das Radvergnügen. Es geht über meist flaches Terrain, autoarme Landstraßen oder Wirtschaftswege. Heide- und Moorgebiete, Seen, Flüsse und Wälder sorgen für Abwechslung. Die Route ist mit dem Logo grünes Fahrrad gut ausgeschildert.
Beim Naturpark Hohe Mark kann man Prospekte bestellen oder hier herunterladen https://hohemarkradroute.de

Einkehr
Jupp, der Erlebnisbiergarten: Einer der schönsten Biergärten im Ruhrgebiet. Hier speist man wahlweise im Blockhaus, im Weinfass, auf knorrigen Bänkchen mit Blick aufs Wasser der Haltener Seen oder unter dem schattigen Blätterdach alter Bäume. www.juppamsee.net
Café Kiosk Tante Guste: Betreiberin Jutta Kleine-Vorholt öffnet in Dorsten die Gartenpforte und lädt zu Kaffee und hausgemachtem Kuchen ein. Gemütliche Sitzecken im wildromantischen Garten und beliebter Radlertreffpunkt. www.lembeck.de
Café Lühlerheide: Hausgemachte Köstlichkeiten in Schermbeck: Kuchen, frische Waffeln, Eis, deftige Suppen, Eintöpfe und nicht zuletzt: die wunderbaren gebackenen Ofenstullen.
www.luehlerheim.de/cafe-luehlerheide

Buchtipp
Sehr gute Orientierung bietet das bikeline-Radtourenbuch „Hohe Mark Radroute", Verlag Esterbauer, ISBN 978-3-7111-0206-5.
Eine Infobroschüre kann man hier herunterladen (Rubrik: „Praktisch unterwegs"): https://hohemarkradroute.de

Allgemeine Auskunft
Naturpark Hohe Mark
Tiergarten 1
46348 Raesfeld
www.hmr-hohemark@raesfeld.de
www.naturpark-hohe-mark.de

Aus der 900 Jahre alten Wasserburg wurde nach Umbau ein Schloss, das weiterhin den Namen „Burg" Gemen trägt.

Auf dem Rundkurs durch den Naturpark Hohe Mark fährt man durch lauschige Naturschutzgebiete, sattgrüne Wälder, sieht glitzernde Seen, Wildpferde, Esel und Störche. In den Etappenorten kann man bummeln. Kulturhungrige kommen ebenfalls auf ihre Kosten.

Durch die Natur, Stück für Stück, das ist Glück! Sorgenfreies Radeln, hier eine nette Begegnung mit einem zotteligen Rind, dort Wildpferde am Horizont und guter Radbelag unter den Reifen. So lässt sich die Hohe Mark Radroute zusammenfassen. Die Seen und Teiche, die Auenlandschaften und Feuchtwiesen bilden den Lebensraum für zahlreiche Vogel- und Insektenarten, und auch Adler, Wölfe und Bären sind unterwegs zu bestaunen.

Auf insgesamt zehn Etappen, die man auch gut zusammenlegen kann, kann man das südliche und westliche Münsterland vom Fahrradsattel aus entdecken. Der ca. 280 Kilometer lange Radweg lässt sich so an fünf Tagen und mit vier Übernachtungen etwas sportlicher erleben.

Vom See zur Jugendburg

Los geht's am Parkplatz des Pröbtingsees in Borken, bevor wir den Rundkurs im Uhrzeigersinn in Angriff nehmen. Wer sich vor Tourbeginn noch mit einer Tasse Kaffee stärken möchte, kann das auf der malerischen Seeterrasse des Bootshauses Pröbstingsee aufs Genussvollste tun. Im Verlauf der rund 30 Ki-

Auch Familien kommen hier auf ihre Kosten –
dank der vielen felligen Freunde und tollen Spielplätze.

lometer geht es gen Nordwesten und weitestgehend flach bis nach Velen. Nach ungefähr einem Viertel der Tour ist die stattliche **Wasserburg Gemen** erreicht, die heute als Jugendbildungsstätte des Bistums genutzt wird. Im früheren Sumpfgebiet der Bocholter Aa gelegen, handelt es sich bei der Burg in ihrer heutigen Form trotz des Namens eigentlich um ein Schloss. In den schönen Gemäuern finden neben Seminaren auch Abiturvorbereitung oder Paarwochenenden für junge Erwachsene statt. Ob es auf der Burg wirklich spukt oder ob Geist Cordula eine Legende ist … bleibt bisher ungeklärt. Eindeutig ist die Burg, deren Grundsteine vor über 900 Jahren gelegt wurden, eines der fotogensten Gebäude in der Münsterländer Parklandschaft.

Weiter geht es für Radfahrer dann unter dem schattenspendenden Blätterdach der Sternbusch-Allee. Schon bald ist in Weseke der Apothekergarten & Geologische Garten angefahren. Naturfreunde erfahren hier einige Geheimnisse alter Steine und jede Menge Wissenswertes über Heilpflanzen.

Einige Pedaltritte weiter durch die herrliche, sattgrüne Landschaft ist der Historische Tiergarten Velen zu sehen, eine 55 Hektar große, barock angelegte Waldlandschaft, die man gut vom Fahrradsattel aus erkunden kann.

Auf der zweiten Etappe, die man als geübter Radler gut an die erste anhängen kann, da sie nur knapp 27 Kilometer umfasst, geht es von Velen über Gescher und Coesfeld nach Reken. Die Tour führt über flaches Terrain, bevor zum Ende hin vor Reken eine kleine Steigung zu meistern ist. Auf dieser Etappe erwartet Radler so manches Froschkonzert und ansonsten reine Stille. Unter anderem im dem 67 Hektar großen Naturschutzgebiet Kuhlenvenn, das in der Quellregion des Heubachs liegt.

Vogelvielfalt und Wildpferde

Die mit 22 Kilometern recht kurze Etappe Nummer drei lässt sich gut mit der Folgeetappe kombinieren. Zwischen Reken und Dülmen gibt es lauter tierische

Der Pfingstsee (o.) in der Kirchheller Heide; freundliche Ponys warten auf Besucher (u.).

Begegnungen für Radler. Da wären die zahlreichen Vogelarten, die man im Naturschutzgebiet Heubachwiesen beobachten kann. Und ungefähr auf der Hälfte der Etappe heißt es: Raus aus dem Sattel, um an der **Wildpferdebahn Dülmen** einen Blick auf die rund 400 Pferde umfassende Herde zu werfen, die zwischen Weide, Heide, Moor, Eichen und Birken grast und galoppiert.

„Pack die Badehose ein!“ heißt es auf dem nächsten Abschnitt. Denn von Dülmen geht es auf der vierten Etappe, die rund 28 Kilometer umfasst, über Sythen mit Schloss und Wassermühle an den Halterner Stausee, wo man kopfüber ins kühle Nass des Badesees springen kann.

Erfrischt radelt man dann ganz entspannt bis nach Olfen. Wuschelige Katalanische Riesenesel, Konik-Pferde und Heckrinder sind hier in der Steveraue als tierische Rasenmäher im Einsatz und sorgen so dafür, dass die einmalige Auenlandschaft erhalten bleibt.

Chillen auf dem Marktplatz

Über Datteln geht es auf Etappe fünf (25 km) vergnüglich von Olfen bis in das Zentrum von Haltern am See. Das Dattelner Meer und die Schleuse sorgen für maritimes Flair. Gemütliche Stunden am Marktplatz sollten in Haltern am See nicht ausbleiben. Denn mit den ersten Sonnenstrahlen verwandelt sich dieses hübsche Flecken Erde in das reinste Schlemmerparadies. Wahlweise schlürft man Kaffee

Schnell zum Heidhof (r.o.) sausen – hier kann man durch einen Buchentunnel flitzen, klettern, schaukeln (r.u.) und Eis schlecken.

mit Blick auf das alte Rathaus oder schleckt ein Eis auf der Sonnenterrasse mit Blick auf die neugotische Backsteinkirche St. Sixtus. Auch der Innenraum der katholischen Stadtkirche ist einen Besuch wert. Das Halterner Kreuz ist bereits um 1330 entstanden und seit Mitte des 18. Jahrhunderts Ziel vieler Wallfahrten. Laut der Legende fand man das Kreuz in der Lippe gegen den Strom schwimmend.

Storchenpaare im Anflug

Da die vorherige Etappe relativ kurz ist, kann man nach Lust und Laune noch Etappe Nummer sechs direkt anhängen. Zwischen Haltern am See, Lippramsdorf und Dorsten/Heverst gibt es auf den knapp 19 Kilometern wieder tierisch 'was zu sehen. Heimlicher Star ist im Naturschutzgebiet Hervester Bruch neben den wuscheligen Heckrindern Meister Adebar. Von den modernen Aussichtspunkten oder auf der reizvollen fünf Kilometer langen Storchen-Wanderroute kann man einen Blick auf die eleganten Zugvögel und ihre Horste werfen.

Von Dorsten kann man gleich zu Beginn der siebten Etappe (29,6 km) am Wesel-Datteln-Kanal mit den Lastkähnen um die Wette radeln. Dann zweigt die Tour vom Kanal ab und geht durch das Zentrum von Schermbeck mit seinen netten Einkehrmöglichkeiten. Nach gemütlicher Fahrt durch Wiesen und Felder sind unsere Lungen mit guter Landluft gut versorgt, und wir erreichen mit dem **Schloss Raesfeld** das spektakulärste Fotomotiv der heutigen Tour. Wer mit der Familie radelt, der sollte einen Rundgang durch den Tiergarten des Renaissanceschlosses unternehmen. Auf dem zugehörigen 5000 Quadratmeter großen Naturerlebnisgelände sind die kleinen Besucher eingeladen, sich beim Klettern, Balancieren und Zapfenweitwurf auszutoben. Für die Großen eine gute Gelegenheit für Schnappschüsse.

Die Geschichte des Schlosses Raesfeld reicht bis in die Anfänge des 12. Jahrhunderts zurück.

Von Raesfeld geht es weiter durch friedvolle Naturlandschaften, auf Etappe acht (31,2 km) über Marienthal und Ringenberg bis nach Dingden. Auch hier sollte man die Kamera griffbereit in der Satteltasche haben. Denn das Naturschutzgebiet Dingender Heide bietet eine facettenreiche Landschaft mit vielen Wasserflächen, in denen sich die Gräser, Nadel- und Laubbäume herrlich spiegeln.

„Über's platte Land" lautet der Titel der vorletzten Etappe. In 40 Kilometern geht es ab Dingden über Isselburg bis nach Bocholt. Zunächst rollt mal mehr mal weniger parallel zum Flüsschen Issel, das im weiteren Verlauf in die niederländische Ijssel mündet. Nach 22 Kilometern kommt die traumhafte **Wasserburg Anholt** in den Blick. Sie ist eines der größten Wasserschlösser im Münsterland und noch immer in Privatbesitz des Fürstenhauses zu Salm-Salm. Hier sollte man unbedingt die Räder anschließen und einen Rundgang durch den Park unternehmen. Im Rahmen einer Führung kann man die Wasserburg auch von innen besichtigen. Entlang der Bocholter Aa radelt es sich idyllisch bis ins beschauliche Bocholt mit seinem sehenswerten Historischen Rathaus.

Letzte Tagesetappe! Es geht auf den nun zu bewältigenden rund 30 Kilometern von Bocholt über Rhede bis nach Borken an einigen Seen vorbei. Am Bocholter Aasee befindet sich eine Badebucht samt Sandstrand, und an sonnigen Tagen öffnet auch die Tiki-Strandbar. Wer genug vom In-die-Pedale-Treten hat, der kann hier auf ein Stand-Up-Paddle-Board umsteigen. Nachdem man durch Rhede geradelt ist, geht es durch das schöne Naturschutzgebiet Burlo-Vardingholter Venn.

Kurz bevor der Start- und Zielort Borken wieder in den Blick kommt, gibt es am Pröbstingsee in Borken-Hoxfeld noch einmal Gelegenheit für eine Rast am idyllischen Ufer oder eine Tour im Leihkajak.

Sehenswert

Heidhof
Waldkompetenz-Zentrum mit Bistro und einem tollen Spielplatz, auf dem Kinder alle Sinne nutzen können. Klettern, buddeln, verstecken, kicken, schaukeln und rennen, ab durch den Buchentunnel, eine hölzerne Infotafel gibt Tipps zum Erschnuppern, Ertasten und Entdecken der Natur.
www.rvr.ruhr/themen/oekologie-umwelt/startseite-heidhof/

LWL-Römermuseum Haltern
Hier kann man die Römer live erleben. Das moderne Museum wurde auf dem ehemaligen Gelände eines römischen Feldlagers errichtet. Die berühmte Varusschlacht ist im Museum übrigens äußerst anschaulich nachgestellt: 15.000 Playmobillegionäre stellen die drei römischen Legionen dar, die im 9. Jahrhundert geschlagen wurden.
www.lwl-roemermuseum-haltern.de

Historisches Rathaus Bocholt
Gemeinsam mit der 1486 vollendeten St.-Georg-Kirche bildet das zwischen den Jahren 1618 und 1624 erbaute Historische Rathaus von Bocholt am Marktplatz den Mittelpunkt der Stadt. Auch sehenswert sind das Textilmuseum und das Textilwerk Bocholt.
www.bocholt.de/freizeit-und-tourismus/erleben-und-entdecken/sehenswuerdigkeiten

Die Hauptburg der Wasserburg Anholt beherbergt die fürstlichen Kunstsammlungen, der Dicke Turm die Rüstkammer.

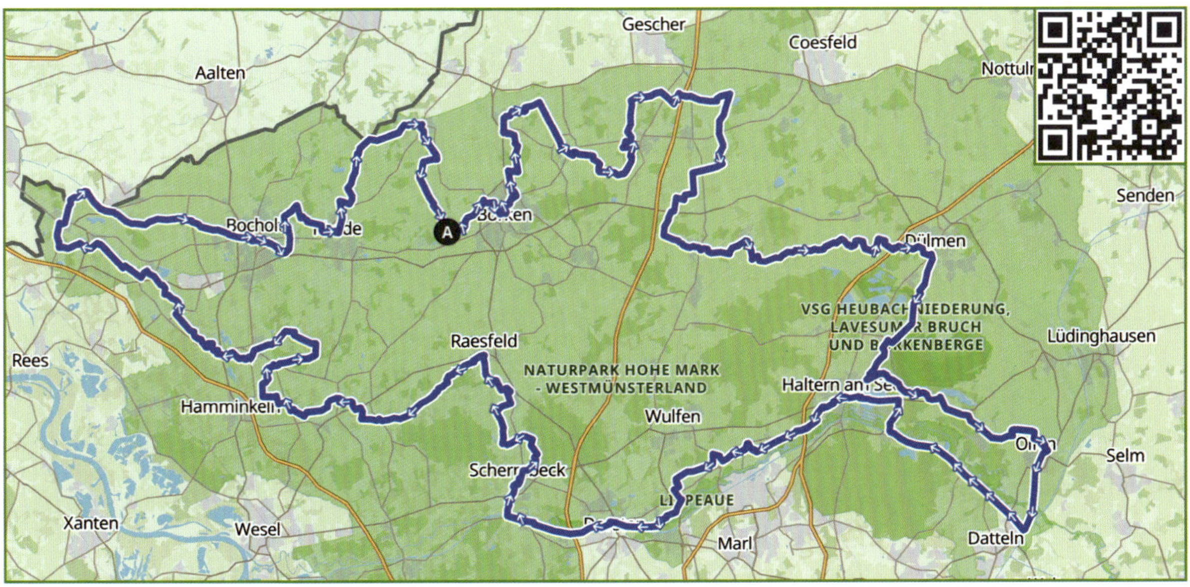

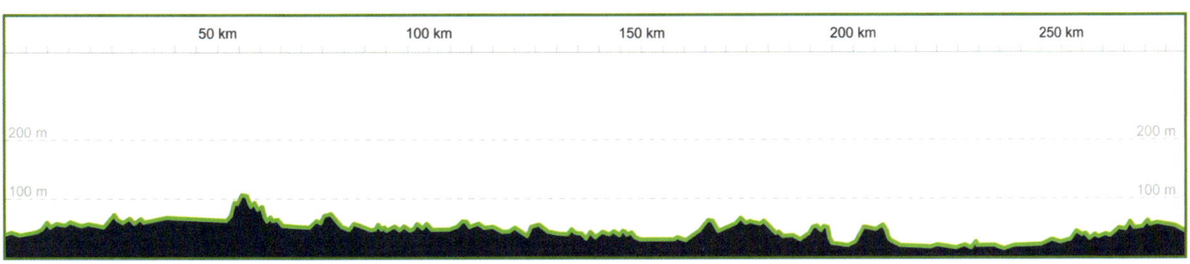

Grünes Glück mit kulturellen Leckerbissen

Die Paderborner Land Route

Paderborner Land Route kompakt

Start und Ziel: Hövelhof
Gesamtstrecke: 250 km
Fahrzeit: 6 Tagesetappen
Höhenmeter: 1300
Schwierigkeit: mittel

Anreise
Mit der Bahn fährt man bis direkt zum Bahnhof in Hövelhof, dies ist der Start- und Endpunkt der Radroute.
www.bahn.de

Der Radweg
Entlang des vom ADFC mit drei Sternen ausgezeichneten Qualitätsradweges plätschert, fließt und sprudelt es allerorten. Gleich fünf Flüsse begleiten Radler unterwegs: die Afte, die Alme, die Heder, die Ems, und die Lippe. Im Uhrzeigersinn geht es vom beschaulichen Hövelhof über die Universitätsstadt Paderborn vorbei an kulturellen Highlights.
Karten und Prospekte gibt es hier:
www.paderborner-land-route.de

Einkehr
Gaststätte Bobberts: Gehobene Gastronomie in Paderborn – alles köstlich! Von der Gemüselasagne und dem veganen Kürbis-Curry bis hin zu Landschwein-Schnitzel mit Champignon-Rahmsauce. www.bobberts.de
Café Bringmeier: Bauernhof-Café in urigem Fachwerkhaus, am Steinhorster Becken gelegen und mit schönem grünem Biergarten. Kuchen, Torten und deftige Bratkartoffeln finden sich auf der Speisekarte. www.cafe-brinkmeier.de
Gasthaus Spieker: Frische Köstlichkeiten stehen auf der kleinen, feinen Karte: hausgemachte Serviettenklöße mit Spitzkohl in Rahm, Filet vom Skrei und in Rotwein geschmorte Ochsenbäckchen – hört sich das gut an? www.gasthaus-spieker.de

Buchtipp
Sehr gute Orientierung bietet die Radkarte „Paderborner Land", Publicpress, ISBN 978-3-7473-0209-5.

Allgemeine Auskunft
Touristikzentrale Paderborner Land
Königstraße 16
33142 Büren
Telefon: 0 52 51 / 3 08 81 11
www.paderborner-land-route.de

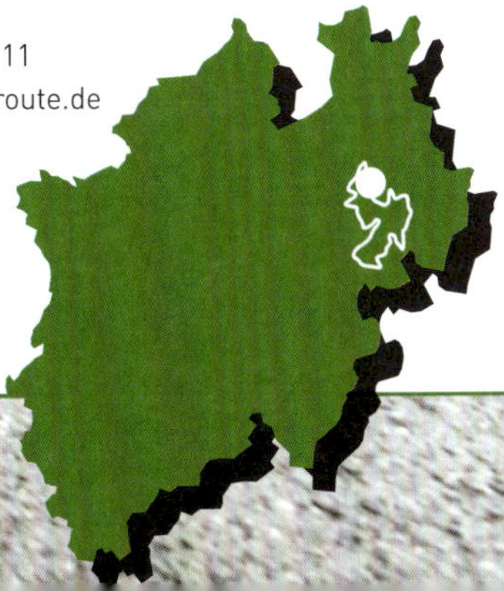

Am Paderborner Dom sollte man die Räder anschließen und nach dem berühmten Drei-Hasen-Fenster Ausschau halten.

Naturliebhaber kommen im Heidegebiet Senne, den Naturschutzgebieten und den Ausläufern des Eggegebirges auf ihre Kosten. Kulturfans radeln von einem Schmuckstück zum nächsten, darunter der Dom in Paderborn, das Kloster Dalheim und die trutzigen Wewelsburg.

Die erste der sechs Tagestouren führt von der Sennegemeinde Hövelhof über die Bischofs- und Universitätsstadt Paderborn bis ins Heilbad Bad Lippspringe. Wer ein wenig Zeit hat, um Hövelhof und Umgebung zu erkunden, der kann sich im Naturschutzgebiet Moosheide zu den Sickerquellen der Ems aufmachen.

Wer lieber direkt losradeln möchte, freut sich sicher darüber, dass die erste Etappe, die 36,5 Kilometer umfasst, direkt am Bahnhof von Hövelhof startet – so kann man nachhaltig anreisen und muss nicht lange nach dem Einstiegspunkt auf die Paderborner Land Route suchen.

Bald nach dem Start rollt man zum ehemaligen fürstbischöflichen Jagdschloss, das neben dem namensgebenden Hövelhof errichtet wurde. Weiter geht es durch eine sattgrüne Wald- und Wiesenlandschaft.

Über die Alme zu Schloss Neuhaus

Nach einem kurzen Stück, auf dem wir parallel zum Boker-Heide-Kanal geradelt sind, geht es am Ufer des Lippesees entlang. Nach dem Überqueren der Alme radeln wir auf das prächtige Schloss Neuhaus zu. Rund um die ehemalige fürstbischöfliche Residenz fand 1994 die Landesgartenschau von Nordrhein-Westfalen statt. Es entstand der herrliche Schloss- und Auenpark. Nach dem Schloss begegnen wir mit der Pader dem kürzesten Fluss Deutschlands. Die Tour führt ans Ufer des Padersees. Entlang der Pader geht es in die schmucke Innenstadt von Paderborn. Hier darf der Besuch des **Paderborner Doms** und ein Erinnerungsfoto vom berühmten Drei-Hasen-Fenster nicht fehlen. Auch die kunstvoll verzier-

Auf der Paderborner Land Route genießt man herrliche Ausblicke auf Flora und Fauna.

ten Fachwerkfassaden der Bürgerhäuser im Zentrum sind einen Schnappschuss wert. Wahrzeichen der Stadt ist das **Historische Rathaus**.

Nach einem Rundgang durch die alte Kaiserstadt Paderborn heißt es: aufgesattelt! Etappenziel für diese Tagesetappe ist die Blumenstadt Bad Lippspringe, die 2017 die Landesgartenschau ausgerichtet hat und für ihre Heilquellen bekannt ist. Als entspannender Tagesabschluss bietet sich ein Rundgang durch den **Arminiuspark** an oder ein entspanntes Abtauchen in der Westfalen-Therme.

Eisenbahnhistorie voraus

In Bad Lippspringe sollte das Frühstück reichhaltig ausfallen, damit man die anspruchsvolle Tagestour frisch gestärkt angehen kann. An Tag zwei geht es auf der rund 39 Kilometer langen Strecke über Altenbeken nach Lichtenau nämlich ganz schön auf und ab. Zu Beginn der Tour begleiten die Höhenzüge des Eggengebirges die Radler. Immerhin handelt es sich hierbei um ein Mittelgebirge, und so muss man so manche Steigung bewältigen.

Es geht weiter durch das ruhige Tal der Beke, bevor Altenbeken erreicht ist. Bald erspäht man ein beeindruckendes **Viadukt**. Das Wahrzeichen des Ortes ist Europas älteste Kalksandstein-Brücke, die sich auf mächtigen Bögen durch die Landschaft spannt. Der Eisenbahnhistorie des Ortes begegnet man auch gegenüber dem Egge-Museum, denn hier parkt eine stattliche Dampflokomotive der Baureihe 044.

Auf dem nächsten Stück des Weges schnaufen nicht wenige Radfahrer genauso, wie es die alte Dampflok wohl einst getan hat. Denn da sind sie nun, die hügeligen Ausläufer des Eggegebirges, die es mit Pedalkraft zu bezwingen gilt. Am Zielort Lichtenau heißt es dann: Beine lockern und sich mit einem zünftigen Mahl und einem Paderborner Pils für die vorangegangenen Mühen belohnen!

An Tag drei stehen wieder einige Höhenmeter auf dem Programm. Dafür belohnt die 41 Kilometer lange Tour mit herrlichen Ausblicken über weites, grünes Land. Auf der Paderborner Hochfläche stehen zahlreiche Windräder und erzeugen so auf natürliche Art Strom für die 15 Dörfer um Lichtenau.

Kloster Dalheim entdecken

Zeit für einen ausgiebigen Besuch des ehemaligen **Klosters Dalheims** sollte man an diesem Tag unbedingt einplanen. Die dicken Klostermauern bergen eine mit dem Red-Dot-Designpreis gekürte Dauerausstellung über das klösterliche Leben. Auf dem Gelände des ehemaligen Augustinerklosters gibt es aber noch mehr zu entdecken. In den Klostergärten, die fast ein Viertel der 7,5 Hektar großen Klosteranlage einnehmen, kann man einen lebendigen Einblick in die klösterliche Gartenbaukunst in Mittelalter und Barock erlangen. Informationstafeln geben botanische Hintergründe zu den Heil-, Nutz- und Symbolpflanzen, die hier auch zu Zeiten der alten Klosterbrüder schon angebaut wurden. Im Klosterwirtshaus wird zu den klassischen Speisen auch das herrliche, dunkle Dalheimer Klosterbräu gereicht.

Ein paar Radumdrehungen weiter ist das Dörfchen Atteln erreicht. Wer bereits ins Schwitzen geraten ist, kann hier Abkühlung im gepflegten Naturbad finden. So erfrischt ist man dann bereit für ein Selfie vor dem Attelner Spieker. Dieses 400 Jahre alte, reich verzierte Fachwerkhaus ist äußerst gepflegt und bildet ein echtes Schmuckstück am Wegesrand. Gen Südwesten geht es weiter bis zum Etappenziel Bad Wünnenberg. Die Kleinstadt ist Luft- und Kneippkurort. Im kleinen Kurpark kann man das Wildgehege erkunden und auf dem Erlebnis-Barfußweg rund um die Aa sowie im Kneippbecken seinen Füßen neues Leben schenken, damit sie auf der kommenden Etappe wieder ordentlich in die Pedale treten können.

Wie auf den meisten anderen Teilstücken der Paderborner Land Route ist auch heute wieder ein Fluss unser ständiger Begleiter. Auf dieser vierten Etappe, die auf 54 Kilometern von Bad Wünnenberg über Büren bis nach Borchen führt, ist es die Alme, die neben den Radlern herfließt. Noch mehr Wasser

Die Wewelsburg liegt über dem Tal der Alme und ist mit ihrem dreieckigen Grundriss eine Seltenheit in Deutschland.

kann man sehen, wenn die Route direkt am Ufer des Aabachstausees entlangführt. Ein paar Pedaltritte später ist mit Bleiwäsche das höchstgelegene Dorf des Paderborner Landes erobert, und somit auch der wirklich fordernde Teil der Radrunde. Die herrlichen Ausblicke auf das nahe Sauerland genießend, kann man versichert sein, dass es sich von jetzt an gemütlicher fährt. Zunächst am Lühlingsbach, dann durch das schöne Almetal radelt man bis nach Büren. Wer noch Kraft in den Beinen hat, der kann einen Ab-

Sehenswert

Heinz-Nixdorf MuseumsForum
Gegründet vom Computerpionier Heinz Nixdorf ist das Heinz-Nixdorf-Museum das größte Computermuseum der Welt. Es wird die über 5000-jährige Geschichte der Informations- und Kommunikationstechnik präsentiert. Rechenmaschinen, moderne Computer sowie Stationen zum Ausprobieren und Experimenten geben Besuchern die Möglichkeit, interaktiv zu lernen.
www.hnf.de

Gartenschau Bad Lippspringe
Auf dem 33 Hektar großen Gelände der Gartenschau gibt es für Naturliebhaber viel zu entdecken: den GlaubensGarten, einen Duftgarten und einen Platz der Gesundheit. Kleine Besucher haben Spaß auf dem Grüffelo-Pfad, der Elfenschaukel und der Trollenrutsche. Auch die Events sind einen Besuch wert, darunter Kürbisfestival und Waldleuchten.
www.gartenschau-badlippspringe.de

Wewelsburg
Hoch über dem Tal der Alme gelegen, beherbergt die Dreiecksburg aus dem 17. Jahrhundert heute neben einem Museum auch eine Jugendherberge. Wer möchte, kann sich also gleich für eine Nacht hier einquartieren! Im Stil der Weserrenaissance erbaut. schaut sie auf eine wechselvolle Geschichte zurück. Die Nationalsozialisten wollten in ihr ein ideologisches Zentrum der SS errichten.
www.wewelsburg.de

Im Garten des Mallinckrodthofs soll
Annette von Droste-Hülshoff gern gerastet haben.

stecher zur Burgruine Ringelstein machen, die hoch über der Alme steht. Von der Ruine hat man einen tollen Weitblick über das Almetal und die sauerländischen Wälder.

In Büren sind die Jesuitenkirche und das Jesuitenkolleg sehenswert. Weiter an der Alme entlang gelangt man dann zur einzigen Dreiecksburg in Deutschland, der beeindruckenden **Wewelsburg**. Ein Stopp und eine Besichtigung sind hier ein absolutes Muss, bevor man zum Zielort Borchen weiterfährt.

Entspannt zum schiefen Turm

Über Salzkotten geht es am fünften Tag der Radreise von Borchen nach Delbrück. Flache Landschaften bedeuten heute auf gut 46 Kilometern fast durchgängig entspanntes Rollenlassen! In Salzkotten kann man die Salzproduktionsgeschichte entdecken, die bis in das Mittelalter zurückreicht, danach am Gradierwerk einmal richtig tief durchatmen – eine Wohltat für die Lungen. Der ebenfalls interessante Kütfelsen mit dem unter Denkmalschutz stehenden Brunnenhaus bietet der „Unitas Quelle" Schutz.

Dann kommt der schiefe Turm der Pfarrkirche St. Johannes Baptist in Delbrück in den Blick. Im „gastlichen Dorf" kann man lauter Köstlichkeiten genießen, darunter den beliebten Delbrücker Spargel.

Die letzte Etappe schließt den Kreis! Nach 37,5 Kilometern gelangt man wieder an den Ausgangspunkt der Radrunde. Naturnah rollt es sich hier durch die Emsniederungen zum Naturschutzgebiet Moosheide. Erfrischender Zwischenstopp ist das Steinhorster Becken, ebenfalls ein Naturschutzgebiet. Mit 82 Hektar Größe gilt es als das größte von Menschenhand geschaffene Biotop in ganz Nordrhein-Westfalen. Wer die Vielzahl an Wasserflächen einmal besser in den Blick bekommen möchte, kann auf einen der beiden Aussichtstürme klettern.

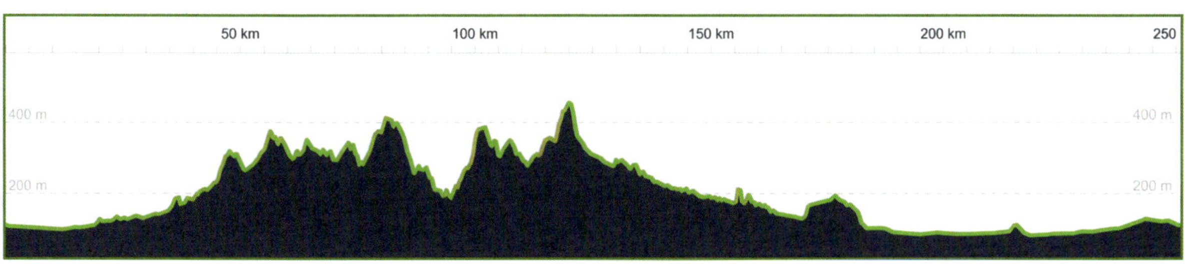

Grenzüberschreitendes Radvergnügen

Die Vennbahn

Vennbahn kompakt

Start: Aachen, am Dom
Ziel: Bahnhof in Troisvierges
Gesamtstrecke: 125 km
Fahrzeit: 3 Tagesetappen
Höhenmeter: 958
Schwierigkeit: mittel

Anreise
Mit der Bahn fährt man bis zum Hauptbahnhof in Aachen, von dort fünf Radminuten bis zum Dom. www.bahn.de

Der Radweg
Der ADFC hat die Vennbahn mit gutem Grund mit vier Sternen als Qualitätsroute ausgezeichnet. Der grenzüberschreitende Fernradweg führt auf gut ausgeschilderten Wegen von Deutschland durch Belgien und Luxemburg. Durch seinen Verlauf auf der stillgelegten Eisenbahntrasse radelt man fast frei von Autoverkehr. Auf der Tour durch den Naturpark Hohes Venn, die Eifel und die Ardennen müssen ein paar Steigungen bewältigt werden.
Auf der Website www.vennbahn.eu kann man eine kostenpflichtige Karte bestellen.

Einkehr
Zum Haller, Monschau: Urig kommt das traditionelle Gasthaus in Monschau daher. Bier vom Fass und deftige Mahlzeiten kommen auf den Tisch. www.zum-haller.de
Landgasthof Gut Marienbildchen, Roetgen: Je nach Saison kocht der Chef hier aus regionalen Produkten Spargel-, Pilz- oder Wildgerichte. www.gut-marienbildchen.de
An den Linden, St. Vith: Wie in Belgien üblich, kann man auch hier in St. Vith sehr gut speisen. Steak, vegetarisches Curry oder Räuberpfanne stehen u. a. auf der kleinen, aber feinen Speisekarte. andenlinden.metro.rest

Buchtipp
Sehr gute Orientierung bietet die „Vennbahn-Karte", die man für fünf Euro hier bestellen kann: www.vennbahn.eu/info-service und auch das bikeline-Radtourenbuch „Vennbahn-Radweg", ISBN 978-3-7111-0095-5.

Allgemeine Auskunft
Vennbahn-Koordinationsstelle
c/o Tourismusagentur Ostbelgien
Hauptstraße 54, B-4780 St. Vith
Telefon: 0 65 51 / 9 65 60
www.vennbahn.eu

Monschau verzaubert mit mittelalterlichem Zentrum
samt Fachwerkhäusern und engen Kopfsteinpflastergassen.

Die Vennbahn verläuft von Aachen bis ins luxemburgische Troisvierges nahezu autofrei. Man radelt ungestört durch die Hügellandschaften der Eifel und Ostbelgiens sowie das reizvolle Hochmoorgebiet Hohes Venn auf einem der längsten Bahntrassenradwege in Europa.

Dank der Eisenbahn kann man auf dieser Strecke eigentlich immer ganz entspannt radeln. Denn für die Schienenrösser wurde die Steigung beim Bau der Vennbahn durch das hügelige Gelände der Eifel und der Ardennen auf ein angenehmes Maß reduziert.

Umweg dank Batman

An einer Stelle allerdings kommt man als Radfahrer ganz schön ins Schwitzen, denn es gilt, eine zehnprozentige Steigung der luxemburgischen Ardennen zu bezwingen. Schuld daran sind kleine Flattermänner. Eine Kolonie von artgeschützten Fledermäusen hat sich nämlich auf der Radstrecke ausgerechnet den Tunnel von Huldingen, der Luxemburg mit Belgien verbindet, als Winterquartier ausgesucht. Und so heißt es für Radfahrer, einen kleinen, anstrengenden Umweg zu fahren. Die Mühen lohnen allerdings, denn dieser Abschnitt hat einen ganz eigenen landschaftlichen Reiz.

Wer die Vennbahn in drei Tagesetappen einteilt, kann am ersten Radtag in Aachen starten und bis Monschau fahren. Am nächsten Morgen geht es weiter bis nach St. Vith und am dritten Tag im Sattel bis in den Zielort Troisvierges in Luxemburg.

Auf der Etappe von der UNESCO-Weltkulturerbestadt Aachen bis nach Monschau sind rund 51 Kilometer zu radeln und dabei gut 400 Höhen-

Rasten lässt es sich an der Bahntrasse stilecht: Im Waggon kann man echte belgische Waffeln kaufen (l.). Auch gemütliche Picknickplätze sind an der Strecke zu finden (r.).

meter zu bewältigen. Die Wasserflaschen sollten also zum Start gut gefüllt sein. Zunächst geht es in der Domstadt durch das Frankenberger Viertel. So radelt man gleich zum Start an der trutzigen Burg Frankenberg und der Herz-Jesu-Kirche vorbei.

Pausenzeit für Kornelimünster einplanen!

Wenn man nach Kornelimünster einfährt, umfängt einen direkt der mittelalterliche Charme der ehemaligen Abteistadt. Den Mittelpunkt dieses malerischen Ortes bildet die fünfschiffige **Kirche St. Kornelius**, die im gotischen Stil erbaut wurde. Die umliegenden ehemaligen Abteigebäude sind heute u. a. Heimat für das Kunsthaus Nordrhein-Westfalen Kornelimünster. Rund um dieses dreiflügelige Ensemble findet man moderne Kunstwerke auch im Außenbereich. An einer kühlen Außenwand finden Radler eine schattige Bank zum Auftanken – mit Blick auf ein handwerklich faszinierendes Boot als Kunstwerk, das hier gestrandet zu sein scheint.

Nach ein paar Radkilometern kann man am Bahnhof Walheim historische Eisenbahnfahrzeuge bestaunen. Die herrlich zu befahrene Vennbahntrasse führt Radler dann durch Wald- und Wiesenlandschaften über die Grenze nach Ostbelgien bis nach Raeren. Hier ist man bereits 22 Kilometer geradelt und hat somit fast schon die Hälfte der Tagesetappe bewältigt. Wehrhaft erhebt sich die Wasserburg über dem Dorf. Hinter ihren festen Mauern birgt sie zerbrechliches Kunsthandwerk. Im Inneren kann man nämlich im **Töpfereimuseum** 200 irdene Exponate bestaunen.

Dufte Waffeln im Waggon

Und im Bahnhofscafé Raeren erfrischt man sich, wie es sich für einen Bahntrassenradweg gehört, standesgemäß: Man genießt Kaffee und belgische Bierspezialitäten in einem umgebauten Eisenbahnwaggon.

Und schwuppdiwupp sind wir dann in Roetgen, welches sich stolz „Tor zur Eifel“ nennt, wieder über die unsichtbare Grenze nach Deutschland geradelt. In Lamersdorf trennt die Vennbahntrasse sogar den Ort in zwei Länder, denn der ehemalige Bahnhof ist offiziell belgisches Staatsgebiet. Wenn Sie immer schon mal eine Exklave besuchen wollten, hier ist die Gelegenheit!

Im weiteren Verlauf führt der Fernradweg an Konzen vorbei, die Wälder werden lichter, und bald ist die **Tuchmacherstadt Monschau** mit einer Höhenlage von 517 Metern erreicht. Schaut man sich das Höhenprofil der Tour an, so geht es von nun an tendenziell mehr bergab als bergauf. Es gilt also, die erste Tagesetappe in dem beschaulichen Eifelstädtchen mit seinem mittelalterlichen Zentrum angemessen zu zelebrieren. Gemütlich spaziert man über die schmalen Kopfsteinpflasterstraßen zwischen Fachwerkhäusern. Es bieten sich zahlreiche Möglichkeiten zur Einkehr.

Zu sehr sollte man den deftigen Speisen und erfrischenden Bieren in den urigen Gasthäusern allerdings nicht zusprechen. Am zweiten Radtag stehen 45 Radkilometer und immerhin noch 300 Höhenmeter auf dem Plan, bevor wir in St. Vith ankommen.

Oberhalb der Rur radelt man aus Monschau heraus und über das beeindruckende Viadukt von Reichenstein hinüber. Die Vennbahntrasse führt dann zwischen der deutschen Exklave Ruitzhof und

Beste Aussicht genießt man vom ehemaligen Eisenbahnviadukt.

Kaltenherberg weiter, bevor die Heidelandschaft des **Hohen Venn** in unsere Nähe rückt. Das faszinierende Hochmoorgebiet ist Namensgeberin der Vennbahn und auch bei Wanderern sehr beliebt.

Eisenbahnnostalgiker werden am alten Bahnhof von Sourbrodt auf ihre Kosten kommen. Zahlreiche Relikte der hier einst blühenden Eisenbahngeschichte sind am Wegesrand zu entdecken – Weichen, Signale, Loks und Waggons.

Nach 27 Radkilometern kommt man schließlich nach Waimes. Von hier aus sind es noch 18 Kilometer bis zum heutigen Zielort St. Vith. Und Hobby-Eisenbahnhistoriker finden dort die Fortsetzung zu den Entdeckungen des Tages. Im **Heimatmuseum** informiert die Ausstellung „Zwischen Venn und Schneifel" nämlich anhand einer Miniaturlandschaft, alter Uniformen und Schautafeln umfangreich über die Geschichte der einst florierenden Vennbahn.

Aber vor St. Vith gilt es noch, durch sanft gewellte, sattgrüne Hügel zu kurven. Knallpinke Fingerhüte blühen am Wegesrand und sorgen für schöne Farbtupfer vor den saftigen Pferdekoppeln, hier in den Ausläufern der Ardennen. Der 1000 Hektar große Wolfsbusch beherbergt zwar keine Wölfe mehr, ist aber als ausgedehntes Waldgebiet wichtiger Lebensort für Rot- und Schwarzwild.

Schinkenduft liegt in der Luft

Am Rande des Wolfsbusch ist Montenau vor allem für seine Schinkenräucherei bekannt. Der Ardenner Schinken wird nach alter Tradition hergestellt und erfreut sich bei Feinschmeckern großer Beliebtheit – ein schönes Mitbringsel für daheim.

Nachdem wir am Gelände des Campingplatzes vorbeigeradelt sind, ist Born erreicht. Hier saust man unter dem stattlichen **Freiherr-von-Korff-Viadukt** hindurch und bald in die Kleinstadt St. Vith hinein. Im Naturpark Hohes Venn-Eifel gelegen, blickt die 10.000-Einwohner-Stadt auf eine bewegte Geschichte zurück. Mit dem Anschluss an die Vennbahn 1887 entwickelte sie sich zu einem wirtschaftlichen Zentrum. Im Zweiten Weltkrieg wurde im August 1944 die Sankt-Vitus-Kirche und der Bahnhof zerbombt, die meisten Einwohner mussten flüchten.

Sehenswert

Aachener Dom
Der Dom ist die beliebteste Sehenswürdigkeit der Stadt. Als Wahrzeichen blickt dieses beeindruckende Sakralgebäude bereits auf eine 1200-jährige Geschichte zurück – eng verwoben mit dem Namen Karls des Großen! Es beeindrucken im Inneren die großen Glasfenster, die antiken Säulen und der Barbarossaleuchter.
www.aachenerdom.de

Monschauer Glashütte
Das kunstvolle Handwerk der Glasbläserei kann man hier live erleben. Bei Vorführungen am Glasofen zeigen die Glasbläser, wie aus einem glühenden Klumpen ein filigranes Gefäß oder eine feine Glasfigur wird. Auch über die Zusammenstellung der Glasmasse aus Pottasche, Sand und Kalk lernt man dazu.
www.glashuettemonschau.com

Heimatmuseum St. Vith
Die „Ausstellung zur Geschichte der Eisenbahn im Lande zwischen Venn und Schneifel" ist ein interessanter Ort für Eisenbahnfans. Anschaulich wird die Geschichte der Vennbahn anhand von Schautafeln, Lokmodellen und auch mit einer Modellbahn dargestellt. Man kann so u. a. das St. Vither Gaswerk, den Bahnhof und die Drehscheibe en miniature betrachten.
www.zvs.be

Mit genügend Zeit zum Verweilen lässt sich die Strecke noch besser genießen.

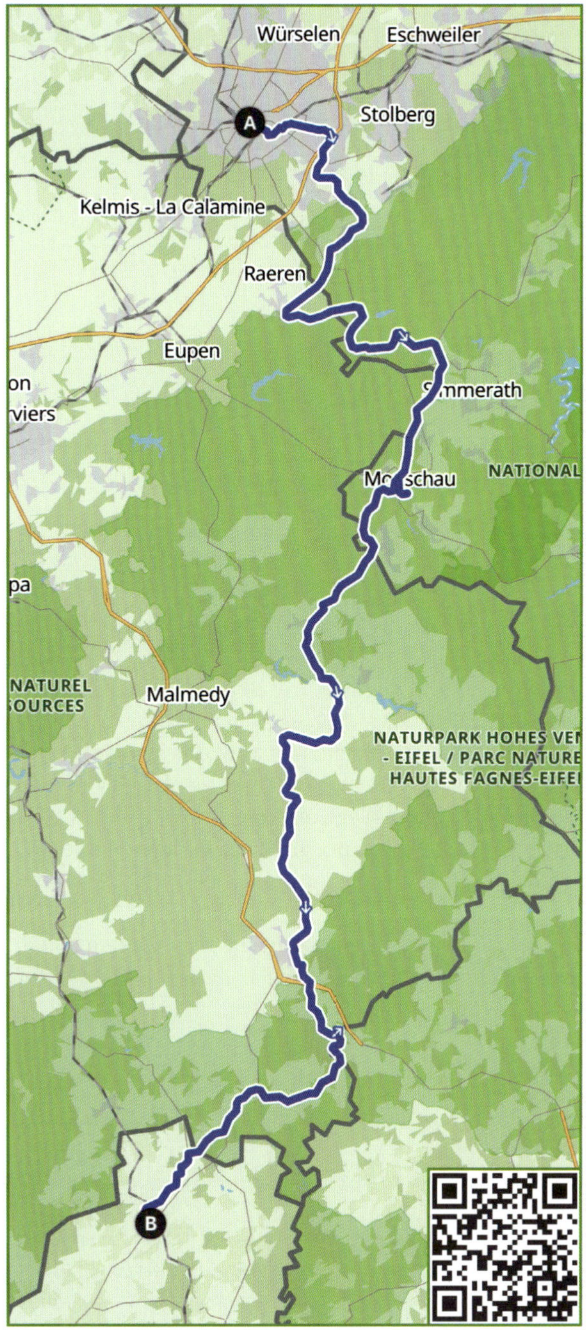

Von St. Vith nach Troisvierges geht es an Tag drei dieser abwechslungsreichen Radreise. Auf dieser Tour von Belgien bis zum luxemburgischen Zielort radelt man entspannte 34 Kilometer und muss für 240 Höhenmeter nur etwas stärker in die Pedale treten. Wir radeln durch das lauschige Neidingen, und Wasserläufe sorgen für angenehmes Plätschern am Wegesrand. Jetzt folgt ein interessanter Abschnitt, denn bei Lommelsweiler geht es durch den rund 120 Meter langen, beleuchteten ehemaligen Eisenbahntunnel.

Vorbei an Hemmeres fährt man zurück auf belgisches Territorium, bevor die Ruine von Burg Reuland in den Blick kommt. Nun wartet noch die eingangs schon erwähnte Tunnelumfahrung aufgrund der Fledermauskolonie, bevor der Bahnhof von Troisvierges und damit das Ziel dieses Fernradweges erreicht sind.

Wer die Rückfahrt von Troisvierges zum Ausgangsort Aachen nicht mit dem Rad machen möchte, der kann für sich und seinen Drahtesel ein Zugticket kaufen. Man muss nach rund 1,5 Stunden Fahrtzeit in Liège-Guillemins umsteigen und rund 20 Minuten bis Verviers Central fahren, um dort erneut umzusteigen und nach 30 Minuten in Aachen anzukommen. Wer es bequemer möchte, kann bei VR-Venntouristik einen Shuttleservice buchen: www.vr-venntouristik.de.

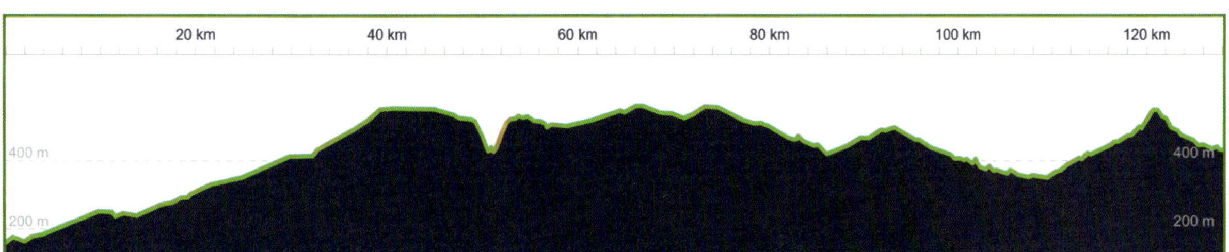

Stippvisite bei unseren sympathischen Nachbarn

Der RurUfer-Radweg

RurUfer-Radweg kompakt

Start: Signal de Botrange (Belgien)
Ziel: Roermond (Niederlande)
Gesamtstrecke: 170 km
Fahrzeit: 3 Tagesetappen
Höhenmeter: 492
Schwierigkeit: mittel

Anreise
Der Startpunkt Signal de Botrange ist mit dem ÖPNV nur schwer erreichbar, es bietet sich an, zum Bahnhof von Kaltenherberg zu fahren und von dort zum Startpunkt zurückzuradeln. www.bahn.de

Der Radweg
Auf dem abwechslungsreichen und neu gestalteten RurUfer-Radweg geht es von der Rur-Quelle im Hohen Venn an Fluss und Rurstauseen entlang bis zur Mündung in die Maas bei Roermond. Der vom ADFC mit vier Sternen ausgezeichnete Fernradweg verspricht Radwandergenuss und ist mit dem grün-blauen Logo gut ausgeschildert.
Informationen und eine kostenfreie Fahrradkarte kann man hier herunterladen: www.rurufer-radweg.de

Einkehr
Zur Försterstube: Sommersalate, Steak mit Kräuterbutter und Schnitzel in allen Variationen bietet dieses deutsche Lokal in Heimbach an.
www.zur-foersterstube-restaurant-heimbach.metro.rest
Wirtshaus Anna: Am Markt im Herzen von Düren gelegen ist dieses Wirtshaus ein beliebtes Ziel für Jung und Alt, man genießt knusprige Pizza, frische Salate und hausgemachten Obazda in moderner Atmosphäre. www.wirtshaus-anna.de
Café Blond & Blond: Familie Blond lädt ein in ihr gemütliches Grand Café in Roermond mit einem einzigartigen Blick auf die Roer. Köstlicher Kaffee, Eisbecher, Drinks und gehobene warme Küche. www.blondenblondremunj.nl

Buchtipp
Sehr gute Orientierung bietet das bikeline-Radtourenbuch „RurUfer-Radweg“, Verlag Esterbauer, ISBN 978-3-7111-0105-1.

Allgemeine Auskunft
Rureifel-Tourismus e. V.
An der Laag 4
52396 Heimbach
Telefon: 0 24 46 / 80 57 90
www.rurufer-radweg.de

Auf der erfrischenden Tour folgt man der Rur von ihrer Quelle im Hohen Venn bis zu ihrer Mündung in die Maas.

Drei Länder, ein Fluss, dabei abwechslungsreicher, meist autofreier Radgenuss, so lässt es sich radeln! Über 164 Kilometer fließt die Rur vom Hohen Venn durch die Rurstauseen und durch den Nationalpark Eifel, bevor sie in Roermond in die Maas mündet.

Auf dem RurUfer-Radweg trifft man auf abwechslungsreiche Landschaftsformen, hübsche Städtchen, aber auch auf einen belgischen Zöllner, einen in Ophoven ansässigen Biber und einen Maschinisten des Jugendstilkraftwerkes in Heimbach.

Auf der Tour durch Belgien, Deutschland und die Niederlande wird man an insgesamt 19 Rast- und Erlebnisstationen nicht nur über die Historie der Region informiert, sondern auch von menschlichen wie tierischen Zeitzeugen mit Informationen über die Lebens- und Arbeitsbedingungen entlang der Rur versorgt. „Ich bin Ingenieur, Architekt und Forstwirt – alles in einem", erklärt zum Beispiel der freundliche Biber an der Erlebnisstation inmitten des Naturschutzgebietes Untere Ruraue. Auch Walter, Tauchlehrer am Rursee, sorgt an einer Erlebnisstation für Abwechslung am Wegesrand. „Vor 100 Jahren hätten wir mit unserer Tauchausrüstung hier noch mitten im Wald gestanden!", klärt er auf.

Grenzenloser Fahrspaß

„Halt Stopp! Ab hier geht es für Sie nur mit Passierschein weiter!", tönt es aus der Skulptur eines belgi-

Wie im Märchen, dieses Heimbach! Die Stadt ist gemessen an der Bevölkerungszahl die kleinste Stadt in NRW (o.); Luftaufnahme der Burg Nideggen (u.)

schen Zöllners in Kalterherberg, und so erfährt man, wie es an dieser Grenze vor der Europäischen Union zuging. Die Infostationen sorgen nicht nur für Kurzweil unterwegs, sie geben auch einen sehr guten Einblick, wie sehr sich der Fluss und die Region im Laufe der Jahrhunderte im stetigen Wandel befunden haben.

Aber nun ab in den Sattel, es warten herrliche Radkilometer auf der ersten Etappe! Folgt man dem quirligen Wasser ab dem Startpunkt im belgischen Signal de Botrange, dann hat man 65 Kilometer bis nach Heimbach vor sich. Hier, im Hohen Venn gelegen, am höchsten Punkt Belgiens, startet eine Tour wie aus dem Radtouren-Bilderbuch.

Zunächst rollt man vorbei am **Kloster Reichenstein**, dann ist das ehemalige Tuchmacherstädtchen Monschau erreicht. Hier bietet sich ein kleiner Rundgang durch die pittoreske Innenstadt an, um das Flair der kleinen Gassen und hübschen Fachwerkhäuser zu genießen. Die historische Senfmühle ist einen Besuch wert, genau wie das **Museum Rotes Haus**, in dem der wohlhabende Tuchmacher Johann Heinrich Scheibler (und nach ihm noch sechs weitere Generationen der Familie Scheibler) wohnte und arbeitete.

Vom Rad ins Bad

Zurück auf dem Rad geht es nun durch gleich mehrere Naturschutzgebiete und das tiefe Kerbtal der Rur, über Widdau, Hammer und Rauchenauel bis zur Rurseenplatte. Praktisch immer direkt am Wasser radelt es sich so mit einer Aussicht auf hundert verschiedene Blauschattierungen bis nach Heimbach. An der Rurseenplatte bietet sich an mehreren Badestellen der Sprung ins kühle Nass an. Im

Der Stausee Obermaubach ist ein Paradies für Wassersportler.
Wie wäre es, vom Rad in ein Boot umzusteigen?

Naturerlebnisbad Einruhr, am Obersee gelegen, gibt es mit Kiosk, Liegewiese, Umkleiden und Spielplatz nützliche Einrichtungen. Hier kann man auch ein Ruderboot oder Tretboot mieten und die herrliche Kulisse des Nationalparks Eifel vom Wasser aus genießen. In diesem einzigen Nationalpark in Nordrhein-Westfalen leben Mauereidechsen, Spechte und Wildkatzen in nahezu unberührter Natur. Im Luftkurort Heimbach kann man tief durchatmen und bei einem abendlichen Spaziergang das Pflasterlabyrinth oder das **Jugendstil-Kraftwerk** entdecken. Dieses Wasserkraftwerk ist bis heute in Betrieb, im Inneren zeigt das RWE-Industriemuseum in einer Ausstellung alte Elektrogeräte.

Aussichtsreiches Rurtal

Von Heimbach nach Jülich geht es auf der zweiten Tagesetappe. Die 48 Kilometer führen Radreisende an Burgen, künstlich angelegten Seitenarmen, zerklüfteten Gesteinsformationen vorbei und durch Düren. Neben der herrlichen Natur am nördlichen Teil des Nationalparks sind auch die hoch aufragenden Formationen der Buntsandsteinfelsen in Nideggen ein Blickfang. Der historische Stadtkern, die romantischen Gassen, der kleine Marktplatz und die **Burg von Nideggen** sind ein beliebtes Ausflugsziel. Wer zur Burg hinaufsteigt, wird mit einer großartigen Aussicht über das liebliche Rurtal belohnt. Der letzte der Rurstauseen wird bei Obermaubach passiert. Eine Attraktion in Obermaubach ist die Fischtreppe, die Wanderfischen hilft, zu ihren Laichgebieten zu gelangen. Für das Projekt hat der Wasserverband Eifel-Rur rund 1,7 Millionen Euro in die Hand genommen. Unterhalb der Burg Untermaubach queren wir die Rur. Weiter geht es durch Kreuzau, wo Wasserratten im Freizeitbad monte mare abtauchen, rutschen und saunieren können. Langsam nimmt die Bergkulisse ab und große Auwälder entlang der Strecke zu. In Düren bietet es sich an, einen Museumsbesuch mit

Hinter historischer Fassade zeigt das Leopold-Hoesch-Museum Düren Gegenwartskunst und Werke der Klassischen Moderne.

einer kleinen Einkehr zu verbinden, das kulturelle und kulinarische Angebot in der 93.600-Einwohner-Stadt ist abwechslungsreich.

Wenn es dann weitergeht nach Jülich, ändert sich das Landschaftsbild. Bevor wir in Jülich ankommen, liegt zur Linken der Bereich des Braunkohletagebaues Inden. Wer ihn umrunden möchte, kann das mit Hilfe einer zwölf Kilometer langen Schleife tun. Vom stählernen Indemann, einem 36 Meter hohen, markanten Aussichtsturm, bietet sich ein grandioser Rundumblick. Wem das zu viel an Fortschritt ist, der kann in Jülich in der **Zitadelle** und im Brückenkopf-Park ganz in die Historie der napoleonischen Zeit abtauchen.

Entlang der Bördelandschaft geht es auf Etappe Nummer drei von Jülich ins holländische Roermond. Burgen und Herrenhäuser sind unterwegs zu sehen, idyllische Flussauenlandschaften, aber auch Relikte aus Zeiten des Steinkohlebergbaus, bevor man nach knapp 60 Kilometern in das quirlige Städtchen Roermond hineinradelt. Abwechslung ist also großgeschrieben! Die Landschaft zeigt sich auf diesem dritten Abschnitt sehr viel flacher, und auch die Rur scheint gezügelter dahinzufließen. Bevor es ins Heinsberger Land geht, lohnt ein Stopp in Linnich, um sich im Glasmalerei-Museum umzusehen. Eine Reihe von historischen Gebäuden stehen mit dem Haus Großkünkel, dem Haus Kleinkünkel, dem Rittergut Grittern, der Burg Wassenberg, dem Haus Effeld heute genauso auf dem Tagesprogramm wie hübsche Gewässer wie der Adolfosee in Ratheim und der Effelder Waldsee.

Wer herausfinden möchte, wie an der Rur früher Körbe geflochten wurden, der kann sich im Korbmachermuseum in Hückelhoven-Hilfarth informieren.

Lekker fietsen naar Nederland

Zum Ende der Tour fährt man über die deutsch-niederländische Grenze Richtung Roermond, das mit seinen zahlreichen Geschäften und Cafés zum Bummeln

Die Zitadelle: einst wichtiger Bestandteil der Festung Jülich, heute geschätztes Baudenkmal.

und Flanieren einlädt. Nach Ankunft sollte man sich etwas Zeit nehmen, um die niedliche Altstadt von Roermond zu erkunden. Wer bei **Roermond** nur an das Outlet, das unweit des Zentrums liegt, denkt, der denkt viel zu kurz. Denn das **Münster**, die Altstadtgässchen und die Uferpromenade sind echte Schmuckstücke. Und auch das Radvergnügen in Roermond und Umgebung kann nur gelobt werden. Nicht nur die flache Landschaft macht die Niederlande zum Top-Reiseziel für Radurlauber. Auch die hervorragenden Radwege, die gelebte Alltags-Radkultur, die gemütlichen Cafés, die zur Einkehr einladen, und die unkomplizierte, freundliche Art unserer sympathischen Nachbarn machen Fahrradferien hier so unvergleichlich gemütlich.

Wer noch mehr Zeit rund um den RurUfer-Radweg verbringen möchte, für den bieten die insgesamt zehn Schleifen gute Gelegenheiten für weitere schöne Radtouren. Nach den Touren gelangt man stets wieder zum Ausgangspunkt zurück. Zwischen 36 und 56 Kilometer lang kann man so „Entlang der Rur ins Hohe Venn" radeln oder „Auf den Spuren des Tagebaus" oder aber „Durch die Eifellandschaft". Auf der Webseite werden die Schleifen in Wort und Bild samt gpx-Daten präsentiert: www.rurufer-radweg.de/touren

Als weitere Verlängerungsmöglichkeit des RurUfer Radweges bietet es sich an, den Vennbahn-Radweg von Aachen bis nach Monschau (siehe S. 146) zu radeln und dort in den RurUfer-Radweg einzusteigen.

Sehenswert

Papiermuseum Düren
Dürens Geschichte ist eng mit der Papierproduktion verbunden. In fünf Themenbereiche gegliedert geht es im Papiermuseum überaus anschaulich um Kunst, Handwerk, die geschichtliche Bedeutung von Papier und die verschiedenen Verwendungsformen des wichtigen Wertstoffes. Schon von außen ist das papierweiße Museum ein echter Hingucker.
www.papiermuseum-dueren.de

Museum Zitadelle
Bereits der Eingang der alten Festungsanlage aus dem 16. Jahrhundert ist beeindruckend. Bei einem Rundgang kann man das Pulvermagazin, die dicken Mauern, die Ausstellungen im Schlosskeller, die Schlosskapelle und das Infozentrum zur Römerstraße Via Belgica entdecken. Zwischen Mai und September gibt es jeden 3. Sonntag im Monat eine kostenlose Führung.
www.museum-zitadelle.de

Museum Cuypershuis
Sohn Roermonds ist der bekannte Architekt und Designer Pierre Cuypers, der zwischen 1827 und 1921 lebte. Cuypers entwarf den Hauptbahnhof in Amsterdam und auch den Rittersaal inklusive Thron, von dem die niederländischen Könige seit 1904 regieren. In Roermond kann man Cuypers Wohnhaus und seine Werkstatt besichtigen.
www.cuypershuisroermond.nl

In Sint Odiliënberg und dem malerischen Roermond radelt man mit fahrradversessenen Niederländern.

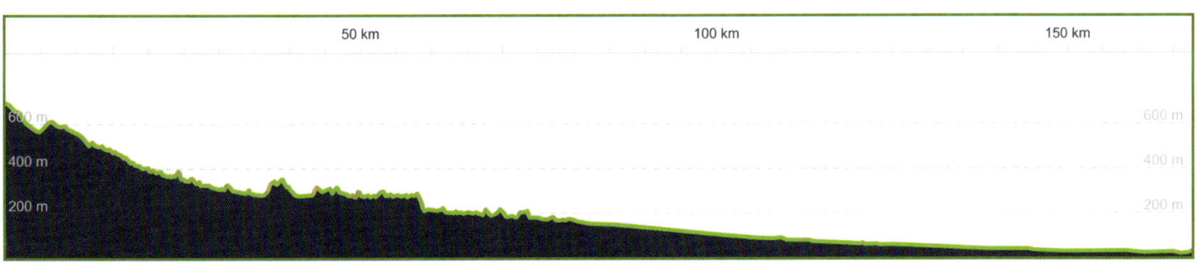

Bildnachweis

Ulrike Katrin Peters 13 o.; 13 m.; 15 o.; 20 u.; 20 m.; 21; 23 o.; 23 u.; 24; 25; 27 o.; 27 u.; 28; 33; 34 l.; 34 r. u.; 36 l.; 36 r. o.; 36 r. u.; 52; 54; 56; 57; 58; 59 l.; 59 r.; 60; 61; 62; 63; 65; 67; 77 o. l.; 77 r.; 85; 88; 89; 92; 93 l. o.; 93 l. u.; 93 r. o.; 94; 100; 102; 104; 105; 108 l.; 108 r. o.; 108 r. u.; 112; 113 o.; 113 u.; 115; 118; 119; 121 l. u.; 121 r.; 122; 126; 127; 128; 129 l.; 129 r.u.; 131; 136 o.; 136 u.; 137 l. 137 r. o.; 137 l. u.; Adobe Stock / AnnaReinert 134; Adobe Stock / etfoto 99 u.; Adobe Stock / Frank Ebert 114; Adobe Stock / Joppi 10; Adobe Stock / Liudmila Travina 11 o.; Adobe Stock / mitifoto 99 o.; Adobe Stock / ON-Photography 42; Archiv der Evangelischen Kirche im Rheinland / Hans Lachmann 91 l.; Bergische Panorama-Radwege / Patrick Gawandtka 121 l. o.; 128 o.; 129 r. o.; 130; Brigitte Odinius 93; Das Bergische / Dominik Ketz 26; 27; Dieter Sawatzki 68-69; 71 r.; Düsseldorf Tourismus 35; Emschergenossenschaft / Andreas Fritsche 82-83; KölnTourismus Gmbh / Dieter Jacobi 32; 33. u.; Münsterland e.V. / Philipp Fölting 70; 71 l.; 72; 73; 74-75; 76; 77 u. l.; 78 o.; 78 u.; 79; 80; Naturpark Hohe Mark / Dennis Sratmann 132-133; 135; Patrick Gawandtka 120; 124-125; RadregionRheinland / Paul Meixner 44-45; 46; 47 l.; 48; radrevier.ruhr / Dennis Stratmann 110-111; 115 r. u.; Ruhr Tourismus GmbH 84; 115 r. o.; Ruhr Tourismus GmbH / Dennis Stratmann 8-9; 12; 13 u.; 14; 16-17; 18; 20 o.; 21; 53; 64; 87; Ruhr Tourismus GmbH / OLFF APPOLD 54 u.; 65 o.; Ruhr Tourismus GmbH / Reiner Kruse 85 l.; Rurufer Radweg / Dennis Stratmann 152-153; 154; 155 o.; 156; 157; 158 r.; 159 o.; 159 u.; Sauerland-Tourismus e.V. / Paul Masukowitz 38-39; Sauerland-Tourismus e.V. / sabrinity.com 41; Shutterstock / A.Basler 100 l. o.; Shutterstock / Kateryna Frost / 15 u.; Shutterstock / Paolo Bigliardi 100 r.; Shutterstock / Tichr 19; Shutterstock / Tobias Arhelger 40; Shutterstock / Uwe Aranas 158 l.; Shutterstock / V.Vanacore 47 r.; Teutoburger Wald Tourismus / Dominik Ketz 144; Teutoburger Wald Tourismus / Patrick Gawandtka 6-7; 140-141; 142; 143; Teutoburger Wald Tourismus / T.Evers 145; Tourismus NRW e.V. / Dominik Ketz 22; 30-31; 34 r. o.; 50-51; 90; Tourismus NRW e.V. / Johannes Höhn 95; Tourismus NRW e.V. / Museum Kurhaus Kleve 91 r.; vennbahn.eu / Dominik Ketz 146-147; 148; 149 l.; 149 r.; 150; 151; Wikipedia / Arnoldius 19 l. o.; Wikipedia / Cvoegtle 11 u.; Wikipedia / Elldex 98; Wikipedia / Frank Vincentz 116 l; Wikipedia / Jörg Braukmann 19 r. o.; Wikipedia / Michielverbeek 116 r.; Wikipedia / Rauenstein 43; Wikipedia / Reinhard G. Nießing 138; Wikipedia / Tuxyso 139; Wikipedia / Wolkenkratzer 155 u.

Kartengrundlage Tourenkarten und Höhenprofile:
© komoot | Map data © OpenStreetMap Mitwirkende | openstreetmap.org/copyright, Kartenbearbeitung Tourenkarten: Judit Trombitás
© Karte vordere Innenklappe: KOSMOS Kartografie Stuttgart,
Kartenbearbeitung: Annette Wrobel

Impressum

Umschlaggestaltung von Jörg Batschi unter Verwendung eines Farbfotos von radrevier.ruhr/©RTG Dennis Stratmann
Das Foto zeigt den Rhein-Herne-Kanal mit Zauberlehrling.
Vordere Innenklappe: Münsterland e. V. / Philipp Fölting (oben); Sauerland-Tourismuse. V. / sabrinity.com (2. v. oben);
3 weitere Bilder Ulrike Katrin Peters
Hintere Umschlaginnenseite: Düsseldorf Tourismus: Stadtstrand
Autorenfoto hintere Umschlagsklappe innen: Tedda Roosen
Mit 170 Farbfotos, 22 Karten und 25 Höhenprofilen

Bibliografische Information der Deutschen Nationalbibliothek.
Die Deutsche Nationalbibliothek verzeichnet diese Publikation in der Deutschen Nationalbibliografie;
detaillierte bibliografische Daten sind im Internet über http://dnb.dnb.de abrufbar.

Unser gesamtes Programm finden Sie unter **belser.de**.

Gedruckt auf chlorfrei gebleichtem Papier

ISBN 978-3-98905-040-2
Redaktion: Dirk Zimmermann
Gestaltung und Satz: Wager Consulting, Altenriet
Produktion: Tatyana Momot
Lektorat: Sabine Besenfelder
Druck und Bindung: FIRMENGRUPPE APPL, aprinta druck, Wemding
Printed in Germany / Imprimé en Allemagne

FSC www.fsc.org
MIX
Papier | Fördert gute Waldnutzung
FSC® C004592